新説戦乱の日本史

倉本一宏　亀田俊和　川戸貴史
千田嘉博　長南政義　手嶋泰伸

JN073158

SB新書
552

はじめに

書店の日本史コーナーに行くと、関ヶ原合戦・戊辰戦争・第二次世界大戦といった「戦い」をテーマとする書籍・雑誌を数多く見かけます。特に近年、『応仁の乱』や『観応の擾乱』『承久の乱』といった、戦国合戦以外の戦いを取り上げた新書がベストセラーになるなど、戦乱について改めて見直す本が、多くの読者から支持されています。

なぜいま、「戦乱」が注目を集めているのでしょう。

日本史の教科書や年表を見ると、歴史は戦いの連続であったことがよくわかります。戦《いくさ》、内乱、クーデター、戦争……。規模や形態はさまざまですが、日本の歴史は数々の戦乱に彩られてきました。こうした戦乱は、多くの場合、歴史を大きく変える転換点となりました。したがって、戦乱について知らなければ、時代の転換点を正しく理解することはできません。

本書では、古代から近代まで、日本の歴史上、大きな出来事として記憶(記録)されている戦乱を取り上げました。特に、近年の研究によって通説が大きく塗り替えられるような戦乱を厳選しています。政治変動をもたらしたクーデターもあれば、国内をくまなく巻き込んだ内乱や、国家間の戦争も含んでいます。

気鋭の研究者による最新の知見を基に、この一冊を読めば、歴史の転換点となった戦乱の意味づけがどのように変わってきたのか、出来事の背景にどんな事実が隠されていたのかなどがわかる。これまでの日本史の見方を覆すような視点に気づき、歴史についてより深く理解できるように努めています。

日本では、二十世紀半ばに起きたアジア・太平洋戦争に敗北して国家滅亡の危機を経験したためか、戦争そのものに対する嫌悪感、忌避感から、戦争について触れることを避けるという習慣がありました。その結果、日本史の重要な要素である戦争や軍事について学んだり検討したりする機会は限られていました。こうした状況を見直し、軍事や軍隊、戦争について研究することの重要性も見直されつつあります。

本書に登場する手嶋泰伸さんは、海軍と政治との関係を中心に、近現代の軍隊や戦争についての研究をし、通説の見直しにも取り組んでいます。

歴史に残るような大きな戦い＝合戦には、物語（娯楽作品）として消費されてきた側面があります。そこでは面白さが重視されるので、ストーリーはより勇ましく、劇的に描かれる傾向があります。こうした事態への反省もあり、戦乱についての先入観を捨て、確かな史料に即して研究する機運が広がってきました。そして、戦乱について、従来の通説とは違う史実が次々と「発見」されています。

歴史研究は、文字史料から歴史を研究する文献史学を中心に発展してきました。倉本一宏さんや亀田俊和さんは、古代と中世を研究対象とする、代表的な文献史学の研究者で、独自の視点から古代の戦乱や南北朝の内乱について研究し、通説の見直しを進めておられます。

また、近年の歴史学は、考古学や軍事史、民俗学、経済学など、多様な研究とのコラボレーションが盛んになってきています。

千田嘉博さんは、考古学の視点から城郭と歴史を研究する城郭考古学を提唱しており、文献研究だけでは明らかにならなかった新事実に迫っています。長南政義さんは、軍事史の視点で幕末維新から近代の戦乱を研究しています。貨幣経済史を専攻する川戸貴史さんは、戦国大名や合戦の裏側に光を当てています。皆さん、通説を覆すような研究に取り組んでおいでです。

専門家の「肉声」を通じて、歴史研究の手法や、事実を明らかにしてゆく道筋、そして新たな発見の驚きと喜びも、感じ取っていただけると思います。ぜひ興味をお持ちの項目から、読んでみてください。

目次

第3章 戦国の戦乱――川戸貴史 085

第5章 近現代の戦乱 長南政義

天武・持統天皇をともに埋葬した合葬墓とされる檜隈大内陵（奈良県明日香村）

第1章 新説戦乱の日本史

古代の戦乱

倉本一宏

倉本一宏（くらもと・かずひろ）

1958年三重県生まれ。東京大学大学院人文科学研究科国史学専門課程博士課程単位修得退学。博士（文学、東京大学）。現在、国際日本文化研究センター教授。専門は日本古代史、古記録学。主な著書は『壬申の乱』（吉川弘文館）、『蘇我氏』（中公新書）、『藤原道長の日常生活』『戦争の日本古代史』（以上、講談社現代新書）など。

新説 1

乙巳の変——蘇我氏内部の抗争も関わったクーデターだった

乙巳の変と大化改新

乙巳《いっし》の変とは、乙巳年（六四五）に起きた政変であり、クーデターです。教科書などでは、この政変後に起きた国政改革である「大化改新《たいかのかいしん》」とセットで教えられる場合が多いのですが、ここでは乙巳の変と大化改新を明確に区別し、前者の政変に関する、新たな考え方を紹介します。

まず乙巳の変とは何か。六四五年六月、蘇我入鹿《そがのいるか》が飛鳥板蓋宮《あすかいたぶきのみや》で謀殺されました。殺したのは、中臣鎌子《なかとみのかまこ》（のちの鎌足《かまたり》）と葛城《かずらき》王子（のちの中大兄《なかのおおえ》王子）で、その翌日、入鹿の父である蘇我蝦夷《えみし》が自殺し、蘇我氏本宗家は滅亡しました。この一連の政変を、乙巳の変と呼ぶわけです。

乙巳の変の契機としては、一九六〇年代までは倭国内の新羅《しんら》派と百済《ひゃくさい》派の争いを背景とみて、対朝鮮外交との関連を考える論考が多かったのですが、一九七〇年代に入って、国際情勢への対応に関わる権力集中を重視する見方が強くなってきました。そこで、当時の日本を取り巻く国際情勢について、確認してみましょう。

激動の北東アジア国際情勢

中国では六一八年に唐《とう》がおこり、翌年に隋《ずい》が完全に滅びました。唐は六二八年に中国を統一し、律令法に基づく中央集権的な国家体制の充実を図り、周辺諸国を圧迫します。

一方、朝鮮諸国では、六四一年に百済の義慈《ぎじ》王がクーデターによって専制権力を掌握し、六四二年以降、新羅に侵攻して旧加耶《かや》地域を奪回しました。高句麗《こうくり》では六四二年、宰相の泉蓋蘇文《せんがいそぶん》が国王と大臣以下の貴族を惨殺して独裁権力を握り、百済と結んで新羅領を窺《うかが》っていました。

新羅の金春秋《こんしゅんじゅう》（後の武烈《ぶれつ》王）は六四八年に唐に赴き救援を求めます。唐の太宗は、六四四年から高句麗征討に乗り出します。

激動の北東アジア国際情勢は、皇極《こうぎょく》元年（六四二）に百済、高句麗、新羅の使節から相次いで倭国にもたらされました。蘇我蝦夷は、百済の義慈王によって追放された百済の王族とその従者を「畝傍《うねび》の家」に呼んで国際情勢を聞き出し、彼らを「百済の大井《おおい》の家」

に移住させました。この「百済の大井」というのは先年まで舒明《じょめい》のいた大倭《やまと》の百済大井宮か、河内国錦部《にしごり》郡百済郷（現大阪府河内長野市太井《おおい》）、または河内飛鳥の太子町大井のどれかであると思われます。いずれにしても、蝦夷は彼らを倭王権の中枢か蘇我氏の河内における地盤に置いたわけであり、その優遇ぶりが窺えます。こういった措置は百済本国の怒りを買うことにもなるでしょうが、蝦夷としては百済寄りのみに偏った外交方針ではなく、三国それぞれと等距離を置いた外交を志向していたのでしょう。

蘇我氏「専横」記事

この頃、蝦夷の子の蘇我入鹿が、蝦夷を凌《しの》ぐ勢威を振るっていました。すでに皇極元年正月の皇極即位の記事（『日本書紀』）の直後に、「大臣の児入鹿〔更《また》の名は鞍作《くらつくり》〕、自ら国の政《まつりごと》を執《と》りて、威《いきおい》、父より勝《まさ》れり」という記事が見えます。蝦夷の長子である入鹿が早くから父を上まわる権力を発揮していたことは確かでしょう。このあたりから、皇極紀には蘇我氏の「専横」を語る記事が頻出します。こうした「専横」こそが、入鹿が乙巳の変で殺害された理由とされたわけですので、こうした記事は、乙巳の変を正当化するという『日本書紀』編者の意図に基づくものであるのは間違いありません。『史記《しき》』や『漢書《かんじょ》』

『後漢書《ごかんじょ》』などの漢籍からの引用で文章を飾っている点が気になりますが、それでも一定の史実は復元できるはずです。

まず皇極元年に、蘇我氏が父祖の地である葛城の高宮《たかみや》に祖廟（祖先を祀《まつ》る御霊屋《みたまや》）を造り、臣下が行ってはならないとされる「八佾《やつら》の舞」を舞わせたという記事があります。葛城の高宮というのは現御所市大字森脇《もりわき》・宮戸《みやど》から名柄《ながら》あたりのことで、森脇には葛城の中心である葛城一言主《かずらきのひとことぬし》神社が鎮座し、名柄では五世紀後半の豪族居館を伴う名柄遺跡が発掘されています。八佾の舞云々が漢籍による修飾――つまり、王室に逆らう家臣を表現する定型パターンだとすると、この記事は単に蝦夷が父祖の地で祖先を祀る祭祀を行ったことを示しているに過ぎません。

次に、蝦夷と入鹿が生前に造る自らの墓である寿墓《じゅぼ》を造営したという記述があります。みずからの墓を「陵《みささぎ》」と呼んだことや、国中の民・部曲《かきべ》・上宮《かみつみや》の壬生部《みぶべ》を造営に使役したことが「不敬」にあたるという文脈なのですが、はたして実際に起こったことなのかどうかは疑問です。存命中に寿墓を造営するというのは、この記事中に書かれているように、「死後に人を煩わせることのないようにと望んだ」という配慮でしょう。

次に蘇我氏「専横」記事が載せられているのは、皇極二年（六四三）十月紀です。病気になった蘇我蝦夷が、非公式に紫冠を入鹿に授けて大臣《おほまへつきみ》とし、その弟も「物部大臣《もののべ》」と呼んだという記事です。しかし、大臣の職位（ツカサ）は大王から拝命される必要がありますが、蘇我氏の族長である「氏上《うじのかみ》」の継承は、あくまで氏族内部の問題です。冠位《かんい》十二階から独立した存在である紫冠は、蘇我氏内部で継承したとしても、何ら問題はなかったのです。『日本書紀』としては、蝦夷が大王の権威を冒して私的に冠位と職位の拝命を行ったと主張したいのでしょうが、事実としては、これを蘇我氏の「専横」と考えるのは誤りです。

最後に、皇極三年（六四四）十一月のこととして、蝦夷と入鹿が甘樫丘《あまかしのおか》（現明日香村豊浦《とようら》から川原）に邸第を並べ建て、これを「上の宮門《みかど》」「谷の宮門」と称したという記事があります。蝦夷の畝傍山の東の家も含め、これらを武装化したというのが「不敬」だとして語られているのですが、「宮門」や「王子」という呼称を『日本書紀』の文飾として除けば、これらを蘇我氏の専横を示す記事と考える必要はありません。

すでに触れたような、緊迫の度を増している北東アジア国際情勢を考えれば、国政を執る蝦夷や入鹿が、飛鳥の西方の防御線である甘樫丘や、飛鳥への入口である畝傍山東山麓の防備を固めるということは、執政者として当然の措置です。『日本書紀』編者としては、

「板蓋宮を見下ろし、それを身分を超えて宮門と呼んだ不敬な蘇我氏」という文脈でこの記事を載せたのでしょうが、その意図を除いてみれば、蘇我氏主導による国防強化という政策が浮かび上がってくるのです。

『日本書紀』編者としては、「大化改新」こそ、律令制国家建設の直接的な起点として語らねばなりませんでした。その際の中大兄王子の敵対者として、蝦夷と入鹿、特に入鹿は実像以上に反王権の立場で描かれたと考えるべきでしょう。

ちなみに入鹿については、中臣鎌足の功績を賞揚するために著述された『藤氏家伝《とうしかでん》上』でさえ、その能力を特筆しているほどで、唐から帰国した旻《みん》（日文）法師から最新の統治技術や国際情勢を積極的に学んでいた人物であったことが推測できるのです。

上宮王家の討滅

蝦夷から権力を譲られた入鹿は、その直後、山背大兄王《やましろのおおえ》をはじめとする上宮王家《じょうぐうおうけ》を討滅し、古人大兄王子《ふるひとのおおえ》の擁立を目指したことになっています。しかし、すでにこの時期、舒明の王子の中で、蘇我系王統の嫡流である古人大兄王子と非蘇我系王統の嫡流《ちゃくりゅう》である葛城王子との大王位継承争いが目前に迫っていたと考えられます。上宮王家は、旧嫡流蘇我系王統の二世王や三世王であり、ほとんどの支配者層にとっては、「旧世代の遺物」と認識されていたはずです。

上宮王家の討滅は、『日本書紀』では入鹿の単独行動であるかのように記していますが、『上宮《じょうぐう》聖徳太子《しょうとくたいし》伝《でん》補闕記《ほけつき》』や『聖徳太子伝暦《でんりゃく》』では軽《かる》王（後の孝徳《こうとく》）の関与を語り、『藤氏家伝　上』では「諸皇子」を糾合して斑鳩宮《いかるがのみや》を襲ったと記されています。将軍となった巨勢徳太《こせのとこだ》は、乙巳の変の結果、成立した改新政府で左大臣に拝されるほどの有力マヘツキミ（大夫）でした。『日本書紀』としては、「偉大な聖徳太子の後継者を独力で滅ぼした邪悪な入鹿」という人物像を作り上げる必要があったのでしょう。

蘇我氏も、実は決して一枚岩ではありませんでした。上宮王家は皇極二年（六四三）十一月に滅亡しますが、山背大兄王が生駒山中に隠れていることを知った入鹿が同族の高《たか》向国押《むこのくにおし》に追討を命じましたが、国押は王宮の守護が最優先であると主張して、これを拒否しています。また、山背大兄王が滅ぼされたことを聞いた蝦夷は怒り罵り、「入鹿は甚だ愚かで、とんでもない悪行を働いた。これでは本人の命も危ういだろう」と言ったと伝えられます。やがて訪れる乙巳の変の前兆としての意味を持つ言葉で、蘇我氏本宗家内部でも意見の齟齬《そご》が露わになってきていることが窺えます。

中臣鎌足の選択

上宮王家の討滅は、入鹿による古人大兄王子の擁立への第一段階でした。そして次の第二段階で障碍《しょうがい》となるのが葛城王子（中大兄王子）です。入鹿は、権臣《ごんしん》個人が傀儡《かいらい》王を立てて独裁権力を振るうという、高句麗と同じ方式の権力集中を目指していたことになります。激動の北東アジア国際情勢に対処するには、それがもっとも効率的な方式に見えたのでしょう。

一方、唐から帰国した留学生《るがくしょう》や学問僧から最新の統治技術を学んだ者の中からは、国家体制を整備し、その中に諸豪族を編成することによって、官僚制的な中央集権国家を建設し、権力集中を図ろうとする動きがおこります。その際、有力王族が権力を掌握し、それを権臣が補佐する、そして有力氏族の代表による合議体が存在するという方式も、新羅と共通するものでした。

共に唐の最新統治技術を学んでいた入鹿と葛城王子、それに鎌足は、いずれが主導権を握って国際社会に乗り出すかで、抜き差しならない対立関係に踏み込んでしまったのです。そして鎌足が選んだのは、葛城王子および官僚制的中央集権国家のほうでした。

鎌足ははじめ軽王、次いで葛城王子に接近します。『日本書紀』が描くのは、蘇我入鹿が君臣長幼の序をわきまえず、国家をわがものにする野望を抱いていることを憤り、つぎつぎと王家の人々に接触し、企てをなしとげるに足る英明の主を求めたことになっています。

そして蘇我倉氏の蘇我倉山田石川麻呂《そがのくらやまだのいしかわまろ》が入鹿と激しく対立していることを知り、石川麻呂の長女を葛城王子の妃として、両者を結び付けようとします。蘇我氏内部において、蝦夷から入鹿への大臣の継承を快く思っていない勢力が存在することを、鎌足は鋭く見抜いていたのです。ところが、石川麻呂の長女は婚姻の日に石川麻呂の弟の日向《ひむか》（身刺《むざし》）に盗まれてしまいます。この事件によって、各々の系統に分裂していた蘇我氏内部の抗争がますます露わになったことになりますが、結局、次女の遠智娘《おちのいらつめ》が葛城王子の妃となり、後に大田《おおた》王女・鸕野《うの》王女（後の持統）・建《たける》王子の三人を産むことになります。

また、軽王の妃は筆頭マヘツキミである阿倍内麻呂《あべのうちまろ》の女《むすめ》の小足媛《おたらしひめ》でした。軽王を味方に付けることによって、内麻呂を通して多くのマヘツキミ層を自己の陣営に引き込むことができたものと思われます。

入鹿の誅殺

冒頭で触れたように、皇極四年（六四五）に起きたクーデターは、一般には葛城王子（中大兄王子）が、蘇我蝦夷・入鹿といった蘇我氏を倒すことを目的としたものと考えられています。しかし、これまでの大王位継承の流れから考えてみると、同時に葛城王子の標的が蘇我系王統の嫡流である古人大兄王子にもあったことは明らかです。

また、大臣蝦夷の後継者が入鹿となったことに対する、蘇我氏同族の氏上争いといった側面も見られます。むしろ、中臣鎌足が氏上と大臣の座を餌に、蘇我倉氏の石川麻呂と阿倍氏の内麻呂を誘い込んだと解釈すべきでしょう。

六月十二日、「三韓進調《さんかんしんちょう》」という儀が、大極殿で行われました。この儀は『藤氏家伝上』によれば、葛城王子（中大兄王子）が「詐《いつわ》りて」皆に知らせたといいます。このクーデターの後の七月二日に高句麗・百済・新羅三国からの「進調」の記事が見えるので、実際に三国からの使者は倭国に至っていたのでしょう。外交を担当していた大臣である入鹿は、まんまと乗せられてしまったことになります。

刺客に選ばれたのは、中臣鎌足が推挙した佐伯子麻呂《さえきのこまろ》と、葛城稚犬養網田《かずらきのわかいぬかいのあみた》でした。稚犬養氏は「葛城」を冠しているところを見ると蘇我氏の本拠とされる葛城地方に居住していた集団だと思われます。つまり、本来は蘇我氏の影響下にある集団からも、反本宗家の動きが出てきたことになります。

石川麻呂による上表文の読み上げが終わりかけた頃、葛城王子が入鹿に突進して剣で頭と肩を斬り裂き、入鹿が立ち上がると、子麻呂が片脚を斬りました。入鹿は皇極の座に転がり込んで、自分が何の罪で誅《ちゅう》されるのかを聞きます。すると葛城王子が皇極の下問を承《う》けて、「鞍作《くらつくり》（入鹿）は皇族を滅ぼしつくし、皇位を絶とうとしております。鞍作のために天孫（皇族）が滅びるということがあってよいものでしょうか」と答えたことになっています。これを聞いた皇極は宮殿の中に入ってしまい、子麻呂と網田が入鹿を斬り殺します。入鹿の屍《かばね》は雨で水浸しになった前庭に置かれ、席《むしろ》（敷物）や障子《しとみ》（屏風）で覆われたとあります。

しかし、有名なこの場面は、『日本書紀』や『藤氏家伝　上』の原史料の段階で作られた創作でしょう。「皇族を滅ぼしつくし」すというのは、山背大兄王や上宮王家の討滅を指すのでしょうが、それをもって入鹿が「天孫（天照大神《あまてらすおおみかみ》の子孫＝大王《だいおう》家）と代わろうという野望を抱いていた」と結論づけるのは、どう考えても論理的ではありません。

『日本書紀』において、斬られた入鹿が開口一番、「皇位にあられるべきお方は、天の御子でございます」などと訴えるのも、なんとも奇妙な話です。要するに「皇位簒奪を企てた逆臣蘇我氏」と、「それを誅殺した偉大な葛城王子（中大兄王子）と、それを助けた忠臣中臣鎌足」という図式で、このクーデターを描こうとしているのは明らかなのです。

入鹿としてみれば、権力を自己に集中させ、飛鳥の防衛に腐心して激動の北東アジア国際情勢に乗り出そうとしていた矢先に、いきなり斬り殺されてしまったことになります。斬られた後に叫んだという、「私が何の罪を犯したというのでございましょう」という言葉は、本当に発したものかどうかはともかく、まさに入鹿の思いを象徴したものでしょう。

古人大兄王子の脱出と蝦夷の滅亡

古人大兄王子は皇極の側に侍していましたが、この惨劇を見て現場を脱出し、私邸に走り帰ります。そして「韓人《からひと》、鞍作臣を殺しつ。吾《わ》が心痛し」と言って寝室に入り、門を閉じて出てこなかった。その動静は『日本書紀』にのみ語られています。古来、この言葉は難解なものとされていますが、古人大兄王子としては、まさか殺人犯が葛城王子であったと公言できるはずもなく、儀式の場に列席していた三韓の使節が入鹿を殺したという虚偽の言葉を語ったと私は考えています。

いずれにしても、たとえ傀儡であるにせよ自分を大王位に即《つ》けてくれるはずの蘇我氏本宗家が滅びてしまった以上、古人大兄王子の命運は尽きてしまったと言わざるを得ません。自分がクーデターの標的であったことも、すぐに直感したでしょう。

葛城王子たちは蘇我氏の氏寺であった飛鳥寺《あすかでら》に入ると、「諸《もろもろ》の皇子・諸王・諸卿大夫《まへつきみたち》・臣・連・伴造《とものみやつこ》・国造」がことごとく付き従ったとあります。掘立柱塀で囲まれていただけの飛鳥板蓋宮《いたぶきのみや》よりも、堅固な築地塀《ついじべい》で護られた飛鳥寺のほうが、砦としては相応しかったのでしょう。皆が付き従ったというのも、入鹿の志向した権力集中が、支配者層内部において広範な支持を得られるような性格のものではなかったことを示しています。加えて、蘇我氏内部における本宗家と反本宗家の分裂も、その根底には伏在していたものと思われます。

葛城王子が甘樫丘の「上の宮門」にいる蘇我蝦夷に入鹿の屍を引き渡すと、東漢氏《やまとのあやうじ》が族党をみな蝦夷邸に集め、武装して陣を張ろうとしました。葛城王子は将軍の巨勢徳太を蝦夷邸に遣わし、東漢氏を説得させます。巨勢徳太は、一年半前に入鹿に命じられて上宮王家を討滅する将軍となった人物です。それが、すでに反本宗家の立場に立っていたわけです。もちろん、葛城王子や石川麻呂から、クーデター後の高い地位を約束されていたのでしょう。

蝦夷の陣営にいた高向国押も、東漢氏を説諭しました。すでに入鹿は殺され、蝦夷も討たれるだろう。何のために戦うのだ、と。国押が剣を解き弓を投げて去ると、東漢氏たちもこれに従って逃げ散りました。

高向氏は、河内を地盤とする、蘇我氏同族氏族の中でも有力な氏族です。それが、本宗家を滅亡に導く決定的な役割を果たした意味は大きいと思います。すでに紹介したように、この国押は一年半前に入鹿から生駒山に隠れた山背大兄王の追討を命じられても従わなかった人物で、本宗家に対する対抗心も人一倍だったと推定できます。

いずれにしても、これで蘇我氏本宗家の命運は尽きました。蝦夷の最期は、『藤氏家伝上』では十三日に自尽《じじん》(自殺)したとあります。

蘇我氏本宗家の滅亡とその後

この乙巳の変の結果、史上初の「譲位《じょうい》」が行われ、その後に大王位に擁立されたのは、非蘇我系王統庶流の軽王(孝徳)でした。当時の慣例として、いまだ二十歳に過ぎない葛城王子が即位するわけにはいかず、また古人大兄王子が存在する中での世代交代を避けたものと考えられます。

また、乙巳の変で蝦夷・入鹿といった蘇我氏本宗家が滅亡しても、大臣家としての蘇我氏の権威は揺らぐことはありませんでした。蘇我氏の氏上を出す家が、飛鳥を地盤とする本宗家から河内を地盤とする石川麻呂を擁する蘇我倉氏に移動したに過ぎません。また、蘇我氏同族氏族からもそれぞれマヘツキミが出るという、豊御食炊屋姫《とよみけかしきやひめ》（推古《すいこ》）の代以来の体制も、乙巳の変以後も変わりませんでした。蘇我氏出身の女性が大王家の妃になることも、引き続き行われました。蘇我氏の血を引く王族は、奈良時代の半ばに至るまで、重要な位置を占めることになるのです。

新説 2 白村江の戦い——勝敗を度外視した戦いだった

百済滅亡

白村江《はくそんこう》の戦いとは、一般的には天智二年（六六三）に朝鮮半島の白村江（錦江河口から東津江河口までの間の海上）で行われた、百済《ひゃくさい》復興を目指す日本・百済遺民の連合軍と、唐《とう》・新羅《しんら》連合軍との間の戦争で、日本・百済遺民の連合軍が大敗を喫し、百済復興には失敗した戦いとされています。

しかし、これは実情とはかなり違う、誤った解釈であると、私は考えています。

ことの発端は、倭国にもたらされた、百済滅亡の報せです。六六〇年三月、唐《とう》の高宗《こうそう》は水陸軍十三万を率いて百済に進発させました。さらに、新羅の武烈《ぶれつ》王に五万の兵を与えてこれを応援させます。やがて、唐軍は白江《はくこう》（白村江）、新羅軍は炭峴《たんけん》を突破します。百済は五千人の決死隊で七月九日に黄山《こうざん》（現韓国忠清南道論山市連山面）で迎撃して激戦となったものの、衆寡敵せず、ついに新羅に降りました。そして、百済の義慈《ぎじ》王は太子や近臣とともに熊津《ゆうしん》城に避難したものの、最終的には降服します。

百済滅亡の報せは、いち早く倭国に届けられました。倭国は大きな衝撃を受けたと思われますが、報せを届けた使者は、さらに続けて、百済の遺臣が唐に反乱を起こし、あと一歩で王城を奪還できそうだという情報を伝えます。

百済遺臣の反乱

百済が滅亡したとはいっても、じつは王都が陥落して国王とその一族、そして貴族が唐に連行されただけで、百済の全土が唐に支配されたわけではありません。唐は旧来の百済の地方統治体制を温存したうえで、高句麗征討に向かいました。これは百済の支配体制（と地勢）をまったく見誤ったもので、すぐに百済遺臣による反乱を招くことになります。

百済から倭国に来た使者は、百済再興のために挙兵した百済王の親族である鬼室福信《きしつふくしん》の意向を伝えます。それは、救援軍の派遣と、かつて倭国に仕えるべく差し出した百済王子余豊璋《よほうしょう》の帰国を願う内容でした。もちろん、余豊璋を百済王に即位させて百済を復興するためです。

倭国は過去にも滅亡の危機に瀕した百済から援軍要請を受け、五世紀後半には倭国に滞在していた東城王《とうじょうおう》を帰国させて百済を復興したと伝えられています。「歴史はくりかえす」と言いますが、倭国の指導者たちは、ここに同じ夢を再び見てしまったのかもしれません。しかし、「歴史はくりかえす」というのは、「人間は同じ過ちを何度でもくりかえす」という意味なのであり、歴史はまったく後世の鑑《かがみ》になることはありません。

ときの大王である斉明は、豊璋を護衛するための軍兵を派遣し、新羅の地をめざすと明言します。戦闘の対手を新羅と認識していたことを示しています。

白村江への出兵について

白村江の戦いについては、一般的には、中大兄王子と中臣鎌足を中心とする当時の倭国の支配者が、大唐帝国と新羅の連合軍に対して無謀な戦争をしかけたという理解がなされ、倭国の外交戦略の未熟さや、新羅の外交戦略の巧みさを説くという視点が主流でした。戦争は外交の一分野で、外交は政治の一ジャンルであるという視点を持たず、戦争＝悪と短絡的に考える立場からは、古代のこの戦争も愚かで悪いことをしたのだ、という図式は、心情的に理解しやすいかもしれません。

しかしながら、白村江への出兵は、ほんとうに無謀な蛮行だったのでしょうか。中大兄たちが派兵に踏み切ったのは、福信たちが唐の進駐軍に対して反乱を起こし、各地で勝利を収めていた時期です。その時点で、福信らは倭国に使者を遣わして戦果を誇大に報告し、援軍の派兵を要請してきたはずです。

当時の北東アジアは、倭国と敵対関係にある新羅が世界帝国である唐と軍事同盟を結び、倭国の同盟国である百済を滅亡させるという、緊迫した情勢にありました。放置すれば、やがて朝鮮半島の南端まで唐・新羅の領土となることは容易に予想されます。倭国の安全が脅かされるこうした状況において、百済復興のために出兵することは、現代でいえば集団的自衛権の発動と考えるべきだと、私は考えています。

外征への出発

出兵要請を受けた斉明、そして中大兄や鎌足は、三次にわたって大軍を派遣します。斉明七年（六六一）正月六日、斉明を先頭に、中大兄王子・大海人《おおしあま》王子ら、倭王権の中枢部を乗せた船団は難波を出発。三月二十五日、一行は娜大津《なのおおつ》（現福岡市中央区那の津）に着き、磐瀬行宮《いわせのかりみや》（現福岡市南区三宅）に入ります。五月九日にはさらに南方の朝倉橘広《あさくらのたちばなのひろ》庭宮《にわのみや》（現福岡県朝倉市）に移ったとされています。ところが、七月になると斉明が朝倉橘広庭宮で死去するというアクシデントが起きます。中大兄は大王位に即かないまま政治を行う「称制《しょうせい》」を行い、長津《ながつ》宮（磐瀬行宮を改名したもの）で軍事指導にあたります。

八月になると、第一次の百済救援軍が編成されます。そして九月、中大兄は当時の倭国の冠位の最高位である織冠《しょくかん》を豊璋に授け、また多蔣敷《おおのこもしき》（『古事記』の編者である太安万侶《おおのやすまろ》の一族）の妹を妻として娶《めあわ》せ、軍兵五千余人の護衛をつけて百済に送らせます。豊璋が国に入ると、福信が迎えてこれを拝し、豊璋は福信に国政を委ねました。翌天智元年（六六二）、豊璋は百済王に即位します。

冠位というのは君主が臣下に授けるものであり、大王代行の中大兄が豊璋にこれを授けたというのは、倭国と百済が君臣関係となったという主張を可視化する行為です。また、倭国の女性を豊璋の妃とするのは、百済王の血統に倭国人の血を入れることにつながります。中大兄は「東夷《とうい》の小帝国」構想を進展させたことになるわけです。なお、この度の派兵は、百済救援の物資を送り、豊璋に付き従う軍を護送することだけが目的で、任務が終わると、すぐに百済から帰国したと推定されています。

この時点では、倭国軍は唐・新羅連合軍と戦闘を行ってはおらず、このまま新国王と物資のみを百済に置いて、あとは知らんぷりを決め込んでいれば、決定的な敗戦には至らずに済んだはずでした。しかしながら、軍事同盟というものは、それほど都合よく、自国の利益だけを考えて行動することはできません。やがて倭国は総力を挙げてこの戦争に介入していくことになります。

百済救援第二次派兵

天智二年（六六三）三月、中大兄は、第二次の百済救援軍（新羅侵攻軍）を編成し、二万七千人の兵が、新羅を討つために渡海しました。第一次派兵が五千余人の規模だったのに対し、こちらは倭国の全力を傾けた派兵だったことが推測できます。そして、この軍が旧百済領ではなく、新羅をめざしたことは特筆すべきでしょう。倭国の野望の方向がうかがえます。これまで、倭国成立以来の朝鮮半島への派兵は、千人程度の筑紫の軍隊の兵力でした。今回は少なくとも西日本全体に及ぶ、大規模な豪族軍の徴発が行われたのです。

百済救援第三次派兵

八月になり、倭国は駿河の地方豪族である廬原臣《いおはらのおみ》を将軍とする一万余人の第三次派兵を行います。第一次派兵五千余人が豊璋の帰還と軍事物資の輸送、第二次派兵二万七千人が新羅を攻撃するためのものであったのに対し、この第三次派兵一万余人は直接百済に向かったもので、当初から旧百済領に駐留する唐軍、あるいは唐本国から新たに派遣されてきた水軍との対決を目的とした出兵であると見られてきました。

しかし、私はこの第三次派兵は、唐軍との海戦を念頭には置いていなかったと推測しています。余豊璋をはじめとする旧百済勢は、内紛によって力を失い、都の南方に位置する周留城《するじょう》（位金岩山城《いきんがんさんじょう》）に立て籠もっていました。第三次派兵は彼らの救援に向かったのですが、たまたま陣を布いて待ち構えていた唐の水軍にたまたま遭遇し、無謀な突撃を繰り返したすえに敗北したのだと、私は考えています。

問題なのは、六月の時点で新羅を攻撃していた二万七千人もの第二次百済救援軍が、八月の白村江の戦いに間に合ったのかどうかです。彼らが第三次百済救援軍一万余人と合流して唐・新羅連合軍と戦ったのならば、かなりの大軍同士が白村江で海戦を繰りひろげたはずです。しかし、第二次百済救援軍がそのまま新羅の地に釘付けになっていたり、半島を迂回して白村江に向かったものの間に合わなかったりしたとすれば、東国の地方豪族の率いる第三次百済救援軍だけで唐の水軍を相手にしなければならないことになり、勝敗は戦う前から明らかでした。

白村江の戦い――八月二十七日

八月十七日、唐・新羅連合軍の陸上軍は周留城を包囲しました。一方、水軍は軍船百七十艘を率いて白村江に戦列を構えます。倭国の水軍がようやく白村江に到着したのは、それから十日後のことでした。この水軍は、『旧唐書《くとうじょ》』劉仁軌伝《りゅうじんき》によると「舟四百艘」、『三国史記《さんごくしき》』新羅本紀《しんらほんぎ》によると「倭船千隻」とされています。数は唐の船よりも多いのですが、その大きさや装備は、とても比較できるものではなかったと思われます。唐の戦艦は、鉄甲《てっこう》で装備された巨大な要塞であるのに対し、倭国の「舟」は文字どおり小型の準構造船だったと思われます。これは竜骨を持たず、丸木をくり抜いた刳船《くりぶね》の両舷に舷側板を組み合わせたものです。

多数の小舟が長距離の外洋を航行するとなると、当然のことながら速度に時間差が生じることになります。この二十七日、長い帯のような倭国の水軍の先頭が、戦列を構えて待ち構えている唐の水軍のただ中に達したのでしょう。『日本書紀』はこの戦いを、「日本の軍船の先着したものと大唐の軍船とが会戦した。日本は敗退し、大唐は戦列を固めて守った」と記しています。まさに先着順に唐軍の餌食となってしまったのです。

白村江の戦い——八月二十八日

二十七日から二十八日にかけて、倭国の水軍が続々と白村江に到着したものと思われます。普通であれば、前日の敗因を分析して、つぎの決戦の作戦を練るものですが、倭国軍にはそういった形跡が見られません。これは日本の歴史を通じて見られる特徴ですが、対外戦争の経験がほとんどなく、大規模な内戦もなかったため、いざ戦争となっても、ろくな戦略も戦法も考えずにやみくもに突撃を重ね、そのうちに英雄的な人物が現れて戦闘に一気に決着をつけるといった「物語」のくりかえしなのです。しかし、世界帝国相手の対外戦争となると、そううまくいくはずはありません。

二十八日に行われた、倭国軍と唐の水軍との決戦を、『日本書紀』は次のように描いています。

日本の将軍たちと百済の王とは、戦況（「気象」）をよく観察せずに、「我が方が先を争って攻めかかれば、相手はおのずと退却するであろう」と協議し、日本の中軍の兵卒を率い、船隊をよく整えぬまま、進んで陣を固めた大唐の軍に攻めかかった。すると大唐は左右から船を出してこれを挟撃《きょうげき》し、包囲攻撃した。みるみる官軍は敗れ、多くの者が水に落ちて溺死《できし》し、舟の舳《へさき》をめぐらすこともできなかった。（中略）百済の王豊璋は、数人と船に乗り、高麗（高句麗）へ逃げ去った。

一方、『旧唐書』劉仁軌伝（『新唐書』劉仁軌伝、『資治通鑑《しじつがん》』、『三国史記』百済本紀もほぼ同文）は、つぎのように記しています。

仁軌は白江の入口で倭軍と出会い、四度戦ってみな勝ち、彼らの舟四百艘を焼いた。その煙と焔は天にみなぎり、海の水もみな赤くなった。賊の軍兵は大潰した。余豊は身を抜け出して逃げて行った。

倭国軍は、前日の失敗を反省することなく、船隊を整えないまま戦列を構えた唐軍に向かって我先にと突撃し、唐軍に左右から挟撃されて包囲されました。倭国の舟は方向転換することもできませんでした。「四度戦った」というのは、倭国軍が四回の突撃を行ったことを指し、この二十八日においてもなお、眼前の失敗に作戦を変更することなく、無益な突撃をくりかえしたことになります。

しかも唐軍は倭国の舟を火攻めにしました。水に落ちて溺死する者が多かったというのは、火を避けて重い甲冑《かっちゅう》を着けたまま海に飛び込んだからでしょう。唐の船艦が船同士で衝突して相手の舟を壊す撞破《どうは》作戦を行って倭国の舟を撃破したという推定もあります。必然的に倭国兵は海に投げ出されることになり、溺死するという運命が待っています。

白村江の敗戦から十日後の九月七日、周留城もついに陥落しました。ここに「百済の余燼《よじん》は悉《ことごと》く平定された」という状況となりました。

白村江の戦いの位置づけ

これで百済復興に関わる戦闘は終わりました。しかし、この戦争は唐にとっては特に大きな意味を持つ戦闘ではなく、新羅にとっても主たる戦場ではありませんでした。

私はかつて、現地調査のために白村江や周留城などの故地を踏査しましたが、その際にお世話になった四人の韓国の歴史研究者がいずれも、「韓国では学校で白村江の戦いを教えていない」「大学の史学科に入学した学生でも、古代史の研究をはじめるまでは白村江の戦いを知らない」とおっしゃるのを聞いて、かなり驚きました。

百済は現代の韓国にとっては滅んでしまった地方政権に過ぎず、その復興のための戦闘などどうでもいいのです。新羅―高麗―李朝こそが朝鮮半島の正統王朝なので、滅んだ後の百済などを重要視することはないということなのでしょう。中国にとっても、白村江の戦いはそれほど意味のある戦争ではありませんでした。それは『旧唐書』の本紀には記事がなく、わずかに『新唐書』の本紀に「孫仁師《そんじんし》が百済に赴き、白江で戦ってこれを破った」とあるように（倭国は登場しない）、ほとんど本紀には採用されず、劉仁軌の列伝のみに記録されていることから明らかです。唐にとっては、そもそも主要な戦争相手は高句麗で、白村江の戦いというのは、すでに滅ぼした百済の残存勢力に荷担して出兵してきた倭国軍を苦もなく壊滅させたに過ぎない、つまり戦略的にもさほど重要な戦闘ではなかったのです。

白村江の戦いの目的

しかし、倭国にとっては、これは大きな意義を持つ戦闘でした。白村江の戦いの対外的な目的に関しては、「東夷の小帝国」、つまり中華帝国から独立し、朝鮮諸国を下位に置いて支配する小帝国を作りたいという願望が、以前から倭国の支配者には存在し、中大兄と鎌足もそれにのっとったのだと、古くから指摘されています。

それでは、国内的な目的、対内的な目的というのは、いかなるものだったのでしょうか。

第一の可能性。中大兄が派兵に踏み切ったのは、百済の遺臣鬼室福信たちが唐の進駐軍に対して反乱を起こし、各地で勝利を収めていた時期でした。使者は、自分たちはすでに大勝利を収めていて、あたかももう少しで唐軍を半島から駆逐することができるとでもいうようなことを言ったはずです。したがって、中大兄と鎌足は、そのような誇張された情報に乗ってしまったことになります。倭国からの援軍が合流すれば、最終的な勝利を得ることができると考えたとしても、不思議ではありません。現在から見れば無謀な戦争だったけれども、当時の情勢としては、本気で勝つ目算もあったし、実際に勝つ可能性もあったと考えるべきでしょう。

第二の可能性。当時の兵力や兵器、それに指揮系統の整備レベルから考えて、明敏な中大兄は、もしかしたら唐には負けるかもしれないと予想していたかもしれません。たとえ負けたとしても、国内はこれによって統一されるであろうと、中大兄と鎌足は考えたのではないか。中大兄は中央集権国家を作りたいと思っていましたが、支配者層はバラバラで地方豪族は言うことを聞かないという状況で、ここで対外戦争を起こせば、国内が統一できるとの思いを抱いたかもしれません。

さらに第三の可能性。たとえ倭国が国内の誰の目にも自明なほどの敗北を喫したとしても、「大唐帝国に対して敢然と立ち向かった偉大な中大兄王子」という図式を、倭国内で主張することは可能です。つまり、中大兄たちの起こした対唐・新羅戦争というのは、勝敗を度外視した戦争だった。戦争を起こすこと自体が目的で、それによって倭国内の支配者層を結集させ、中央集権国家の完成をより効果的に行うことを期したのではなかったか。私はそう考えます。倭国の敗北が国内で周知の事実となってしまっても、白村江で勝利した唐・新羅連合軍が倭国に来襲してくるという危機感を煽り、国内の権力を集中して軍事国家を作る必要があるとアピールし、そのために国内の全権力を自分に与えろと主張したのではないでしょうか。つまり、中大兄にとっては、この敗戦は「渡りに舟」のチャンスだったのです。

最後にもう一つ、とんでもない可能性も提示しておきたいと思います。白村江の戦いに参加したのは、倭国の豪族軍と国造に率いられた国造軍の連合体でした。中央集権国家の建設をめざしていた中大兄にとって、もっとも深刻な障碍となっていたのは、自己の既得権益ばかりを主張し、中央政府の命に容易に服そうとしない豪族層です。中大兄と鎌足にしてみれば、邪魔な存在である豪族層を、対唐・新羅戦争に投入し、それらの障害を取りのぞくことができると考えた可能性はないでしょうか。

事実、白村江の戦いから九年後に起きた壬申《じんしん》の乱においては、白村江の戦いに参加した豪族の名は、ほとんど見られません。中大兄たちの思惑どおり、白村江の戦いにおける敗北によって豪族の勢力は大幅に削減され、中央権力はかなりの程度、地方にまで浸透していったのです。

新説 3

壬申の乱――鸕野王女が起こした戦いだった

天智の大王位継承構想

古代史上最大の戦乱である壬申の乱は、国家成立史上の観点からも大きな意義がある戦乱です。戦乱の舞台となったのは、広く近畿・東海地方に及びました。通常、朝廷を巻き込んだ戦乱は朝廷の勝利で幕を引きますが、壬申の乱では、朝廷に反旗を翻した側が勝利を収めました。

この乱の本質は、大王位継承争いだとされています。しかし、壬申の乱は、倭国に初めて体系的な国家が生まれ、「天皇」という君主号と、「日本」という国号が成立する直接的な契機となった、歴史的な意義もあると考えます。

天智の構想していた大王位継承プランは、伊賀の地方豪族という身分の低い母から生まれたために大王位継承権がなかった大友王子に次期大王を継がせようというものではありませんでした。それに当時の慣例として、大王位に即くには三十歳程度の年齢と統治経験が必要とされていて、壬申年当時で二十四歳に過ぎなかった大友は、即位するにはまだ若すぎたのです。

天智としては、同母弟の大海人《おおしあま》王子（後の天武）を中継ぎとして即位させ、その次に行われる世代交代によって、大友の子である葛野《かどの》王（母は天武王女の十市《とおち》女王）や、大海人王子の子である大津王（母は天智王女の大田王女）、あるいは草壁王（母は大田王女同母妹の鸕野《うの》王女）という、いずれも自分の血を承けた王族への継承という選択肢を考えていたはずです。あるいはもう一つの選択肢として、一代中継ぎとして自分の王女である鸕野王女（後の持統《じとう》天皇）を想定していた可能性もあります。

天智の同母弟であり、父母ともに大王である大海人王子からみれば、天智の死後は自分に大王位がまわってくることは確実であり、ことさらに事を荒立てる必要はなく、天智に協力していればよかったはずです。天智と大海人王子のあいだには、きわめて濃密な姻戚関係が存在しました。両者はけっして敵対関係にあったのではなく、いわば一体となった王権として認識されていたはずなのです。

吉野に退去した鸕野王女の狙い

天智十年（六七一）十月十七日に、大海人王子は大王位の禅譲を要請されますが、即位を要請されてもいったん辞退するのが儀礼的な慣習でした。ここで辞退しておいて、天智からの次の即位要請を待っていればよかったのであるし、天智が死去してしまっても、その後の群臣による推戴《すいたい》を待っていればよかったのです。

十月十九日、禅譲を辞退した大海人王子と妃の鸕野王女は、草壁王（二男）と忍壁王《おさかべ》（四男）をともない、大津宮（現滋賀県大津市錦織）を退去しました。高市王《たけち》（一男）と大津王（三男）は、わざわざ大津宮に残してきました。妃としては、もちろん、鸕野王女がただ一人、大海人王子と行動をともにしています。

先にも述べた王位継承資格者のうち、葛野王や大津王であっては困るのは、鸕野王女ただ一人であったということになります。大海人王子を中継ぎとして、確実に自分が産んだ草壁王へと継承させたいという鸕野王女の思惑を推察すると、まず何としても大友王子を倒して葛野王を排除する必要性を感じていたでしょう。そしてその次に、大海人王子の子のなかでの草壁王の優位性を確立する必要がありました。九州の地方豪族から生まれた長子の高市王は、大王位継承に関してはまず問題ないとして、草壁王即位の障碍となるのは、かつて正妃《せいひ》的存在であった大田王女が産んだ大津王であったはずです。

大友王子を倒して草壁王の優位性を確立し、さらには大津王を危険にさらすために鸕野王女がとった手段とは、武力によって近江朝廷を壊滅させること、そしてその戦乱に自身と草壁王をできるだけ安全に参加させるということだったのです。

国際情勢と壬申の乱

そしてもう一つ、壬申の乱と密接に関連しているのが、「大化改新《たいかのかいしん》」以来の北東アジア国際情勢です。前項で触れたように、中大兄王子（後の天智）が百済《ひゃくさい》復興をめざして救援軍を派兵した目的は、対外戦争を起こして国内の統一を図り、中央集権国家建設に道を開くことでした。

天智七年（六六八）正月に正式に即位した天智は、国内改革を推進して、天智九年（六七〇）に作られた最古の戸籍である庚午年籍《こうごねんじゃく》に代表される、地方支配の徹底をめざしました。戸籍を作るということは、在地における地方豪族の権力に対する中央権力の介入につながり、その反発を招いたことでしょう。

倭国の中央・地方の支配者層は、天智の作戦に見事に乗せられ、いつ果てるとも知れない戦時態勢のなか、自己の伝統的な権益を放棄し、天智に協力して、中央集権的な国家体制建設への道を歩みはじめたのです。

ところが、唐《とう》と新羅《しんら》は、高句麗を滅ぼした後に、険悪な関係になってしまいます。そして天智七年九月に、十二年ぶりに新羅から倭国へ使節がやってきます。新羅としては、唐との険悪な関係を背景に、倭国と友好関係を結ぼうとしたのでしょう。一方、唐・新羅の本格的な開戦を控えていた天智十年正月、唐の百済鎮将《ちんしょう》が、使節を倭国に遣わしました。この使節は、対新羅戦が不利であることをにらみ、倭国に対して軍事的援助を求めてきたものと考えられています。

ここに至り、倭国の支配者層は、天智の煽った危機が、じつはみずからに権力を集中させるための策略に過ぎず、実際にはそれが虚偽、あるいは見込み違いであったことを知ります。百済救援の際に多大な犠牲を出し、多くの山城の築造を行い、戸籍の作成にまで協力してきた豪族層は、天智に対する怨嗟《えんさ》の念を強めたはずです。一方、大海人王子にとってみれば、何とかしてこの批判を自分からそらす必要性を感じたことでしょう。

大友王子と亡命百済人

そして天智十年十一月、早くも百済救援戦の際に捕虜《ほりょ》とした倭国人千四百人を引き連れた唐使の郭務悰《かくむそう》が倭国に送り込まれました。大友王子とその周囲の五大官、そしてブレインの亡命百済人のみによって運営されていた近江朝廷は、急速に親唐外交路線へと傾斜していき、対新羅戦用の徴兵を急ぎます。ただし、西国は百済救援のための徴兵と山城の造営によって疲弊していたので、今回の徴兵は美濃や尾張・伊勢をはじめとする東国を中心としたものとならざるを得なかったと思われます。

大友王子は、まさか吉野に隠遁している大海人王子が挙兵して、その東国の兵を接収《せっしゅう》し、近江朝廷を倒すなどとは考えていませんでした。親唐派の大友王子としては、ここで唐に協力して新羅を倒せば、半島における倭国の優位を取り戻すことができるとでも考えたのでしょう。また、唐と新羅が戦争をすれば、世界帝国である唐の勝利を予測するのが自然です。朝鮮半島が唐によって全面的に直轄支配されるという事態も予想していたでしょう。そうなると、唐と敵対的な関係のままでは、倭国の存続も危うくなります。

もっとも、唐・新羅両面外交を推進してきた中臣鎌足《なかとみのかまたり》はすでに亡く、もっぱら新羅寄りであった大海人王子もすでに吉野に退去しています。大友王子の周囲では、亡命百済人のスタッフが外交方針の策定を主導していたと思われます。彼らにとって、新羅は唐の軍隊を半島に引き入れて祖国を滅ぼした仇敵《きゅうてき》です。ここで大友王子を動かして敵《かたき》を取りたいと思ったのでしょう。

大海人王子の側としては、対外戦争反対を旗印として、対新羅戦計画を主導している大友王子を倒すことで、白村江をはじめとする百済救援戦の責任を回避することもできると考えたのかもしれません。そんななか、天智は十二月三日に死去。諸豪族の怨嗟が自己に向かってくる前に、無事に生を終えることができたといえます。

東国では徴兵が進み、各国の拠点となる地域に国宰《こくさい》（国司）に率いられた兵士が集結した、という時点で、壬申の乱は起こっています。もちろん、そのタイミングを狙って、大海人王子と鸕野王女は吉野を進発したのです。

壬申の乱の勃発

大海人王子も鸕野王女も去った後の近江朝廷では、先に触れたように大友王子には大王位継承権がなかったので、天智の大后《おおきさき》であった倭女王《やまと》が、このまま癸酉年《きゆう》（六七三）の初頭に女帝として即位する予定だったと思われます。そうなれば、大海人王子と鸕野王女は、近江朝廷を倒す大義名分を失ってしまいます。大友王子が朝廷を主宰して天智の殯《もがり》が行われている空位期間こそ、絶好のタイミングでした。

吉野にあった大海人王子と鸕野王女は、進撃路を地盤とする豪族との連携や、対新羅戦用の徴兵を行っていた国宰の調略、大津・高市王という大津宮に残してきた二人の子との連絡など、戦争準備を整え、大友王子による対新羅戦用の徴兵が東国で完了する時期を窺っていたのでしょう。

六月二十二日、ついに大海人王子は行動を開始します。村国男依《むらくにのおより》・和珥部君手《わにべのきみて》・身毛広《むげつのひろ》という地方豪族出身の三人の舎人《とねり》（従者）を美濃に先遣し、湯沐令《ゆのうながし》多品治《おおのほんじ》に機密を打ち明けて「安八磨郡《あはちまのこおり》」（現岐阜県安八郡・揖斐郡から大垣市）の兵を徴発し、美濃国宰にも連絡して軍勢を発し、不破道《ふわのみち》（現岐阜県不破郡関ヶ原町松尾）を塞ぐことを命じます。東国と近江とを遮断するという、きわめて的確な作戦を実行したのです。

六月二十四日の午前中に、大海人王子と鸕野王女は吉野を進発します。このときに大海人王子と鸕野王女に従っていた者の名が壬申紀に列挙されています。幼少の草壁王や忍壁王まで含ませているのに鸕野王女の名が記されていないのは、鸕野王女はこの戦乱の主体者であり、彼らを率いる立場だったためだと思われます。

不破道・鈴鹿山道を制圧した大海人軍

一行が伊賀を経て二十五日に積殖《つむえ》の山口（現伊賀市柘植町）に至ると、大津宮を脱出した高市王が合流。翌二十六日の朝には、一行は「朝明《あさけ》郡の迹太川《とおがわ》の辺《へ》」（現在の海蔵川、現四日市市三ッ谷町）に到達し、「天照太神《あまてらすおおみかみ》」を望拝《ぼうはい》したとされています。実際には太陽を拝んだのでしょう。このとき、大津宮を脱出してきた大津王がやってきました。

この日、美濃から不破道を閉塞することに成功したという知らせが届きます。これで近江朝廷の使者や軍は、東国に出ることができなくなりました。ほとんど無傷の兵が集結している東国が大海人王子の掌中のものとなったことで、実際の戦闘がはじまる前に、壬申の乱の大勢は決していました。

大海人王子は、「朝明郡家《あさけぐうけ》」（現四日市市大矢知町の久留倍官衙《くるべかんが》遺跡）に着くと、高市王を不破に遣わして軍事を監督させ、この日は鸕野王女たちとともに「桑名《くわな》郡家」（現三重県桑名市蛎塚新田《かきづかしんでん》か）にとどまります。大海人王子をまったくマークしていなかった近江朝廷は、大海人一行がすでに桑名に達しており、しかも東国の多数の軍勢を掌中に収め、不破道と鈴鹿山道を制圧していることを知り、激しく動揺したと思われます。

近江朝廷軍の敗北と戦後処理

六月二十九日、飛鳥宮で戦端が開かれました。近江朝廷軍は、河内方面では一時的な勝利を収めたものの、大和方面、近江路方面では敗北を重ね、総崩れとなります。近江朝廷軍は、瀬田川を最終防衛ラインとして七月二十二日に最終戦に挑みますが、まもなく大海人軍の勝利に終わります。

瀬田川の戦いに敗れた大友王子と近江朝廷首脳部は、わずかな供回りだけを引き連れて西に逃走をはじめますが、すでに大海人軍はそれを見越して捕捉線を敷いていました。進退窮まった大友王子は、山前《やまさき》（現京都府乙訓郡大山崎町大山崎、天王山の南東山麓あたり）に隠れて自害しました。戦いは終わり、後は延々とつづく戦後処理、そして天武「天皇」による、国家という名の新しい機構作りが残されました。

壬申の乱後の処分においては、右大臣の中臣金《なかとみのかね》と各戦線における実戦の将のみ八人が極刑に処されましたが、他の近江朝廷首脳は比較的軽微な処罰にとどまり、群臣層や実務官人は不問に付されました。大海人王子としても、乱後に律令《りつりょう》国家建設を推進していくに際しては、当時唯一の中央政府であった近江朝廷の実務官人を自己の掌中に結集させる必要があったし、各氏族の私的な権益を削減することになる律令国家建設に際して、近江朝廷を構成していた有力氏族の支持を取りつけ、彼らをそれに従事させるためには、寛大な処置を施しておく必要があったので、きわめて政治的な決着が図られたわけです。

壬申の乱の本当の意義

大海人王子は、天武二年（六七三）に飛鳥浄御原宮《あすかきよみはらのみや》で即位します（天武天皇）。そして、それまで「大王《だいおう》（オオキミ）」とされていた君主号を「天皇《てんのう》（スメラミコト）」と改めます。天皇とは道教《どうきょう》の最高神を表す称号で、天武は自らを中国の「皇帝」に対置し、新羅の「王」を従える「東夷の小帝国」の君主として位置づけたことになります。

天武は大臣を置かず、皇后の鸕野皇女をはじめ、草壁・大津・高市の各皇子や、大王の子孫である諸王といった、いわゆる皇族・皇親《こうしん》を重用し、律令体制国家の早急な建設をめざしました。こうした政治体制を「皇親政治」と呼びます。

天武は、壬申の乱において自ら東国へ赴き、武力で近江朝廷を倒して即位しました。地方豪族にとっては、まさに恐怖と畏怖の対象だったはずです。そのカリスマ性は、血縁を通じて皇親たちにも付与されたことでしょう。各地方に派遣された皇親は、その力をバネに律令国家建設を推進しました。

冒頭で触れたように、壬申の乱には、そうした歴史的な意義がありました。しかし、こうした皇親政治や律令国家体制の建設そのものは、天武が天智からストレートに大王位を継承したとしても、何らかの形で実行されたものと思われます。そう考えると、壬申の乱という戦乱そのものの意義は、天武にはなかったと考えるべきなのかもしれません。極論すれば、天武には必要のない戦いだったのです。

また、天武にとって必要だったのは、既定の路線だった自らの大王位継承を実現することであって、多くの諸豪族を巻き込み多くの死者を出す大戦争は望むものではありませんでした。実際、戦いが行われた六~七月は、水が張った田んぼでは戦うことができませんので、戦闘はもっぱら道や河原で行われています。トータルでの戦死者も、数百人以下だったのではないかと考えられます。壬申の乱は、意外に小規模な戦いだったのです。

すでに指摘したように、壬申の乱で最大の利得を得たのは、自らの王子・草壁への大王位継承を願った鸕野王女です。その意味では、この戦いは鸕野王女が起こした戦いだったととらえるべきでしょう。

平氏滅亡の地となった壇ノ浦古戦場（山口県下関市・福岡県北九州市）

第2章 新説戦乱の日本史

中世の戦乱

亀田俊和

亀田俊和（かめだ・としたか）

1973年秋田県生まれ。京都大学大学院文学研究科博士後期課程研究指導認定退学。京都大学博士（文学）。現在、国立台湾大学日本語文学系助理教授。主な著書は『室町幕府管領施行システムの研究』（思文閣出版）、『観応の擾乱』（中公新書）、『高師直 室町新秩序の創造者』（吉川弘文館）、『征夷大将軍・護良親王』（戎光祥出版）など。

新説 4

源平合戦――治承・寿永の乱と呼ぶべきなのか

なぜ合戦の呼び名が変わったのか

源平合戦とは、平治の乱に敗れて伊豆の蛭ケ小島《ひるがこじま》に配流となっていた河内源氏嫡流の源頼朝が、治承《じしょう》四年(一一八〇)八月に挙兵し、元暦二年(一一八五)三月に、壇ノ浦の合戦で平氏を滅亡に追い込んだ一連の戦いを指します。

平治の乱によって平氏に敗れ、滅亡の危機に追い込まれた源氏が、平氏に対して逆襲を果たし、ついには源頼朝によって鎌倉幕府という武家政権が作られるに至るという、壮大な「物語」として今日まで語り継がれ、数多くの小説・芝居・映像作品・漫画・アニメのモチーフにもなってきました。

NHK大河ドラマでも何度も取り上げられ、二〇二二年の大河ドラマ『鎌倉殿の13人』でも、物語の前半はこの源平合戦を描くことになると思われます。

しかし、お気づきの読者も多いと思いますが、近年、この時代を描く専門書や、あるいは高校生以上を読者対象とするような一般書では、源平合戦という言葉はあまり使われておりません。代わりに使われているのが「治承・寿永の乱（内乱）」という学術用語です。学校教科書でも、小中学校では「源平の争乱」「源氏と平氏の争い」といった表現が残っていますが、高校教科書では「治承・寿永の乱（内乱）」が主流のようです。

源平合戦という言葉は、戦乱の本質が源氏と平氏の戦いであったという「内実」を表現したものであるのに対し、治承・寿永の乱とは、戦いが行われたのが主に治承・寿永年間（一一七七〜一一八四）であったという「時期」を明示した名称です。

十二世紀末に行われた一連の合戦の名称が、それから数百年ものちの現代になって、なぜ変更されてしまうのか。

階級闘争史観と歴史用語

「治承・寿永の乱」という言葉が使われるようになった経緯については、下村周太郎さん（早稲田大学准教授）のまとめが非常に詳しいので、ここではそれを下敷きに説明させていただきます。

まず、この戦いが源氏と平氏の覇権争いであったというイメージは、軍記物語である

『平家物語』の影響によって定着したものと思われます。『平家物語』は「驕《おご》れる平氏」が、その堕落ゆえに滅亡してゆく様子を描いた文学作品で、現代に至るまで読み継がれてきた名作です。堕落した平氏を、源頼朝やその弟の義経といった「英雄」が苦難の果てに打ち倒すという英雄物語は、長く日本人に愛されてきました。

これに対し、「治承・寿永の乱」という名称を初めて使ったのは、戦後を代表するマルクス主義歴史学の研究者で、戦後の中世史研究をリードしたとされる松本新八郎さんです。松本さんは、いわゆる階級闘争史観の立場から、この戦いを単純な源氏と平氏の争いではなく、古代奴隷制の社会から中世封建制社会への進歩を示す画期としてとらえようという意図で、「源平合戦」という言葉をあえて使わず、合戦の年代を採用して「治承・寿永の乱」という用語を「発明」しました。

簡単にいうと、マルクス主義歴史学においては、階級闘争による発展段階を踏んで、人類は共産主義に近づいてゆくというビジョンがまず前提としてありますので、源平合戦は、中世という新しい時代を担うべき、「源氏を中心とする武士」が起こした「封建革命」だったととらえる「べき」だという意識だったのでしょう。

戦後すぐの日本では、戦前の皇国史観全盛に対する反省から、マルクス主義歴史学(=

唯物史観）が一世を風靡します。つまり、「治承・寿永の乱」という用語は、こうした時代精神とでもいうべきものを背負った用語なのです。

「源氏対平氏」は正しいか、正しくないか

ところが一九七〇年代になると、現実政治における革新勢力の退潮と重なるように、歴史学においてもマルクス主義史観は勢いを失ってきます。そんななか、上横手《うわよこて》雅敬《まさたか》さん（京都大学名誉教授）のように、この戦乱は武士という新興勢力が、前時代的で堕落した貴族を打ち破った戦いではなく、あくまでも全体の枠組みとしては「源氏が平氏を破った」戦いであるとして、「治承・寿永の乱」という呼称を批判する動きが出てきます。

そして一九九〇年代に入ると、また新たな動きが出てきます。川合康さん（大阪大学教授）は、この内乱には武士だけでなく、農民など一般民衆も広く動員されていたことや、戦いの局地的な実態に目を向けると、必ずしも「源氏対平氏」という図式で戦いが行われたのではなく、目の前の領土紛争など、現実的な領主層の対立や競合が戦闘を引き起こしていたことなどを指摘し、「源頼朝が平清盛に対して兵を挙げて平氏を倒した」という単純な対立図式でこの内乱を描くことを批判。改めて「治承・寿永の乱」と呼ぶことに、新

たな正当性をみいだしました。

一枚岩でなかった源氏、平氏

さらに、「源氏」「平氏」といっても決して一枚岩ではなかったとの指摘もあります。平氏打倒を掲げて挙兵したのは頼朝だけではなく、木曽義仲や甲斐源氏などの源氏諸族も兵を挙げましたが、彼らは決して連携して行動していたわけではなく、ご承知のように義仲は頼朝によって討たれています。むしろ源氏諸族は、内乱の主導権をめぐって争っていたとみたほうが正しいと思います。

一方の平氏も、平清盛の異母弟である頼盛は、清盛との対立も取りざたされていたほどで、平氏が都落ちした際も、頼盛の一族は同行していません。また、清盛の長男の重盛は早世していたため、平氏の嫡流は弟の宗盛が継ぎますが、都落ち以後、小松家と呼ばれた重盛の子どもたちは平氏の主流からは外されてしまっています。

また、野口実さん（京都女子大学名誉教授）は、一連の戦乱は、頼朝と義仲の対立を含めて、保元の乱以来続いてきた「河内源氏の一族間抗争の最終ラウンドとしての側面を持つ」と指摘しています。確かに、保元の乱で源為義と義朝の父子は分裂し、その後、義朝の弟である義賢《よしかた》、義広、行家たちは兄の義朝に私怨を抱く関係になります。その義朝の子が頼朝であり、義賢の子が義仲なのですから、頼朝と義仲が対立するのは、父親の代にさかのぼる敵対関係を引きずっていたととらえることもできます。要するに、河内源氏は一枚岩どころか内部対立を抱えていたということになります。

長く続いた戦いのなかで、局面によっては源氏の内部抗争という側面が大きくなることはあったと思います。しかし、そこを強調しすぎると、平氏が滅亡に至り、源氏の頼朝が武家政権を確立するという時代のダイナミズムが、どこかに抜け落ちてしまうようにも思います。隣の家同士のケンカではなく、全国を巻き込んだ内乱なのですから、当然、さまざまな要素が戦いの背後にはあったでしょうし、戦いに至る対立点も、細かく見ていけば複数の要因を含んでいたはずです。

私が専門とする南北朝期から室町前期と比べてみれば、それは一目瞭然です。南北朝の対立といっても、観応の擾乱《じょうらん》を含めて極めて複雑な対立構造が存在し、しかも「昨日の味方は今日の敵」といった合従連衡や裏切りも頻繁にあり、身内同士の争いも珍しくありません。極言すれば、それこそが内乱の実相というものではないでしょうか。

イデオロギーの投影と歴史像

単純な「源氏対平氏」という枠組みでこの戦乱をとらえるのは、確かに正しくないのかもしれません。ところが下村さんは、この戦いを「源氏対平氏」ととらえる心性が、同時代にも存在していたと指摘しています。同時代の記録として高く評価されている九条兼実《かねざね》の『玉葉』には、平氏滅亡からほどないころの記述に「源平之乱」という言葉が出てきます。また同書には、開戦当初の記述に「勢いのある平氏を討ち滅ぼして、源氏を再興する」といったニュアンスの言葉も出てきます。つまり、すでに戦いの当時からこの内乱を「源平の戦い」ととらえる考え方が、少なくとも京都の公家の間には存在したのです。

したがって、源平合戦という名称で呼ぶかどうかの議論には、すでにイデオロギーの入る余地はないように感じます。同時代においても「源平合戦」「源平争乱」という意識が働き、そのように呼び習わしていたならば、私としては、「源平〜」という名称を使っても、特に問題はないように思います。

すでに指摘したように、細部を見てゆけば「源平の戦い」とはいえない局面があったとしても、同時代の人々が感じ取っていたように、やはり現代においても「源平の合戦」という名称を使うことには、それなりの合理性があるように、私には感じられます。民衆こそが歴史を動かす主体であったという考えをもとに、「源平合戦」と呼ぶことで、あたかも権力者同士だけの戦いであったかのように見えるのはよろしくない、というとらえ方をする方は、現在でも少なくないと思います。しかし、同時代の記録に「源平の争乱」という意識がうかがえる以上、それを否定してまで呼び方にこだわるのは、イデオロギーを投影して歴史を見るという危険に陥っているのではないでしょうか。

ちなみに、南北朝の戦い（南北朝争乱）についても、実は議論がないわけではありません。南北朝の対立といっても、南朝が対抗し得たのは最初の数年のみで、特に観応の擾乱以降では、足利家の内部対立が前面に出てきますので、それをすべてまとめて南北朝争乱と呼ぶべきではないと主張する方もときどきおられます。しかし、ではこの内乱をどう呼ぶべきかという議論、あるいは対案はほとんど見かけません。

観応の擾乱についても、「擾乱」という言葉はほかに歴史用語として使う例はないので、「観応の乱」と呼ぶべきだと主張する方もおいでですが、それは本質的な議論ではないように思います。何しろ観応の擾乱の十七年後にはすでに「観応擾乱」という言葉は使われていますし、「擾乱」という言葉自体、この時代の流行語のようなもので、時代を表す言葉として使用しても何の問題もないと思います。

であれば、やはり同時代の言葉、あるいは意識として「源平の争乱」「源平合戦」が存在したのであれば、歴史用語として使用することに、大きな問題はないと考えます。

その源平の争乱を経て、源氏の頼朝が征夷大将軍となり、武家政権である鎌倉幕府を開いたというのが、一般的な理解だと思います。しかし、近年の研究では、「源氏＝将軍」というとらえ方、そして「武家政権＝幕府」「将軍＝武家政権の長」というとらえ方そのものが見直されつつあります。こうしたとらえ方自体、確固たるものとなったのはもっと後の時代になってからではないかというのが、研究者の共通理解になってきています。

その意味で、源平合戦という言葉が内包する複雑な意味について、改めて検討するということには、大いに意味があることと思います。

言葉の問題は慎重に

もう一つ、歴史用語の定義について触れておきたいと思います。歴史家は、私を含めて自分自身の研究成果を明確に示す効果を期待して、自分なりの定義を具体的な言葉・概念として残したい、新たな用語として定着させたいという欲求があるのだと思います。「治承・寿永の乱」という、「源平合戦」への「対案」を出すことで、この内乱の本質をめぐる議論が深まり、見過ごしていた源平合戦の一側面に光があたったりしたという側面はあったと思います。その意義は確かにあったと、私は認めたいと思います。

研究の深化によって、新たな概念が必要となることは間違いなくあります。そこに最適な言葉を与えるのも、歴史家に課せられた使命であるのかもしれません。

しかし、新たな定義＝新たな言葉を浸透させ、定着させるために、都合が悪い事実から目を背け、極端に事実を誇張したりするようなことは、やはりあってはならないことでしょう。つまりこうした作業は、相当慎重にする必要があるということです。

もし、新たな概念規定をする決定的な発見や、歴史解釈の変更があるのでなければ、既存の用語の枠内で史実の見直しを進めるべきではないかと、私は思います。言葉の問題というのは、手っ取り早く自己の主張をアピールするのに適しています。「〇〇説」という言い方も、その一つです。非常にわかりやすい。しかし、それは自己の主張に含まれた複雑な事情、論理構成、前提条件といったものを全部取っ払って、乱暴に整理した結果としてのわかりやすさです。安直な手法といっても差し支えないかもしれません。

こうした耳目を引きやすい議論や主張の特徴として、あまり長持ちしないということがあげられます。数ある新説のなかでも、言葉の問題にこだわる新説の主張は、正直なところ、あまり成功している例を知りません。

私は本来、畑違いの研究者ではありますが、源平合戦の内実を検討する研究は、これからもさらに深化し、新たな発見もあると思いますし、それに期待を持ちたいと思います。しかし、言葉を操作して時代をとらえる枠組みを変えようという試みは、内実の検討が十分になされて、概念規定自体を変えなければならないという「必要」が生じてからでも、決して遅くはないと思います。

新説 5 中先代の乱——尊氏に謀反の意図はなかった

中先代の乱とは何か

鎌倉幕府は、元弘三年（一三三三）に滅亡します。北条氏の家督である得宗の北条高時は、一族とともに自害しました。倒幕の中心にいた後醍醐天皇は、建武政権を樹立。いわゆる建武新政が開始されます。

しかし、北条氏や幕府の残党による反乱は、その後も各地で勃発します。そのなかで最大の反乱が、ここで取り上げる「中先代の乱」です。北条高時の遺児である時行が起こした反乱として知られる中先代の乱ですが、実はこれまであまり研究の蓄積はありません。史料が限定的であることもあり、研究テーマとして掲げる研究者もわずかです。

ここではその代表的な研究者として知られる鈴木由美さん（中世内乱研究会会長）の研究にならって、この戦乱の概略を紹介します。

戦乱の概略

建武二年（一三三五）六月、鎌倉幕府当時に朝廷の窓口役である関東申次《もうしつぎ》を務めていた西園寺公宗《さいおんじきんむね》らが、謀反の疑いで捕縛されます。公宗は、北条高時の遺児時行と高時の弟泰家らを担いで挙兵する企てをしていたと、『太平記』には記されています。

公宗は捕まりましたが、信濃で諏訪頼重らによって保護されていた時行は、同年七月に挙兵し、上野《こうずけ》に侵攻。鎌倉将軍府で関東の統治を担当していた足利直義《ただよし》の軍勢を破り、破竹の勢いで鎌倉を占領します。直義は尊氏の子の義詮《よしあきら》や、後醍醐天皇の皇子成良《なりよし》親王らを連れて鎌倉を逃れました。

この知らせを受けた京都では、足利尊氏が時行討伐の許可を後醍醐天皇に求め、同時に征夷大将軍への叙任などを求めますが、後醍醐はいったん拒否します。尊氏は勅許を待たずに八月二日に出陣。途中、直義軍と合流して九日に遠江国《とおとうみのくに》橋本（静岡県湖西市）で時行軍との合戦に及びました。両軍の戦いは十九日まで続きましたが、時行軍は負け続け、最終的には八月十九日に諏訪頼重ら主な武将は鎌倉で自害し、時行本人は落ち延びました。

高時以前の北条氏の政権を「先代」、そして足利氏の政権を「当代」と位置づけると、鎌倉を占拠していたのはわずか二十日あまりとはいえ、時行の政権はその中間に位置するものとして「中先代」と呼んだといいます。

ちなみにその後、落ち延びた時行は南北朝分裂後に南朝に帰属し、尊氏への抵抗を続けますが、最期は正平八年（一三五三）に捕らえられ、鎌倉で処刑されています。

中先代の乱を終息させた尊氏は、直義とともに鎌倉にとどまり、乱の鎮圧に協力した武将たちに朝廷に無断で恩賞宛行《あておこない》を行い、後醍醐の上洛命令にも従わずに建武政権から離反し、やがて京都に攻め上って光厳《こうごん》上皇を担いで北朝を樹立。自らは征夷大将軍となって室町幕府を開いた――と、理解されています。

室町幕府を開くきっかけ?

中先代の乱の歴史的な意義については、結果的に室町幕府ができたという点は、確かに事実だと思います。しかし、それはあくまでも「結果」であって、例えば中先代の乱を起こした北条時行は、もちろん鎌倉幕府の再興を目指していたわけですから、足利氏の政権云々については、想像もしていなかったでしょう。

そして足利尊氏も、おそらく少なくとも中先代の乱を終息させるまでの段階では、建武政権あるいは後醍醐天皇に反旗を翻して武家政権を樹立しようなどと考えていた兆候は認められません。尊氏の弟直義については、当初から建武政権への謀反を計画していて、そのために鎌倉に下ったという解釈が、現在に至るまで根強くあります。しかし、私はそれさえも怪しい話だと考えています。

直義については、最終的には足利氏が鎌倉幕府の後継となる武家政権=幕府を作るという意識があったと評価する向きもありますが、私は完全な過大評価だと思っています。直義が鎌倉に下ったのは、あくまでも後醍醐政権の承認のもとでの行動です。つまり直義が鎌倉将軍府を運営したのは、後醍醐政権のプランなのです。その段階で、直義が後醍醐に歯向かって独立を策するとか、あるいは承久の乱の再来を目指して朝廷に戦いを挑むといった意識は皆無だったと思います。中先代の乱をめぐる一連の動きに直義の野心をみるのは、ストーリーとしては面白いかもしれませんが、肝心の証拠があまりにも希薄です。

結果的に、直義と尊氏は中先代の乱終息ののち、まさにその通りの道筋をたどることになります。だからと言って、最初からそのつもりだった、鎌倉に下向した段階でそういう計画を立てていたかと言われれば、それはあり得ない想定だと思います。

直義は頼朝を意識していたか

話は鎌倉初期にさかのぼりますが、建久元年（一一九〇）、源頼朝は上洛して後白河法皇に拝謁し、その後、鎌倉に帰還します。鎌倉に下向した直義の動きを、この頼朝の「上洛⇩帰還」に重ねて、直義は朝廷からの「独立」の意志を明らかにしたのだと評価する向きもあるようです。朝廷への反逆を志していた直義は、東国の独立を果たした頼朝の故事――武家にとっての栄光の故事・先例を踏襲しようとしたとする考え方です。

確かに直義は、頼朝の故事を意識していたかもしれません。しかし、頼朝を意識していたから、朝廷への反逆の意志があったとみるのは、はたして正しいでしょうか。たとえ直義が頼朝の故事を踏襲しようという意識があったにせよ、その真意は反逆とはまったく異なるものだったのではないでしょうか。

そもそも、頼朝が上洛ののちに鎌倉に戻ったのは、後白河に反旗を翻すためではなく、あくまでも後白河の承認のもとでとった行動です。もともと平氏打倒の挙兵をした段階では、頼朝は「反乱軍」だったわけです。それが、平氏を打倒し義経の追討と奥州藤原氏の打倒も果たした。そのうえで上洛し、朝廷から正式に朝臣（朝廷の家臣）と認められ、さらに武家の棟梁であり東国の統治者として認められたわけです。すぐに辞退したとはいえ、権大納言・右近衛大将に任じられ、さらに諸国守護権、すなわち東国の支配権を後白河に承認されたうえで、鎌倉に戻ったわけです。そこに朝廷への反抗、あるいは対立を読み取ることはできません。

結果として、朝廷からの東国の独立という側面はあったかもしれませんが、京都から鎌倉に戻ったという行動の表面だけをとらえて、朝廷と対立した、歯向かったとみるのは正しくありません。直義も、少なくとも鎌倉将軍府に下向した段階では、後醍醐天皇の命令を奉じての行動、つまり、鎌倉将軍府の支配を任されたので、それを実行に移したという以上の意味はないと、私はみています。「歯向かう」などといった意識とは、真逆の意識でしょう。

後醍醐への「反逆」は事実か

直義の鎌倉下向をもって、朝廷への反逆の証拠と考えるのは、どう考えても無理があります。むしろ後白河の承認を得て東国の支配を固めるために意気揚々と鎌倉に戻った頼朝を直義が意識していたとするなら、それは直義が朝廷の忠実な臣下として鎌倉将軍府の経営を行おうとしていたことの証拠だというべきではないでしょうか。史料に即して見る限り、反逆どころか、天皇のために鎌倉将軍府で頑張るという意識でいたと、私は思います。

結果から見て当事者の最初の意図を推し量るというのは、きわめて危険な行為だと思います。直義が鎌倉下向の当時から朝廷への反逆を考えていたとか、中先代の乱を奇貨として、尊氏が反後醍醐の旗揚げという宿願を果たそうとしたとみるのは、すべて「結果」から逆算する推定だと、私は思います。その段階で、尊氏なり直義なりが何かそうした意志をうかがわせる文書を残していたのであれば話は別ですが、そうした史料は、寡聞にして知りません。

そもそも、私たちは中先代の乱がわずか二か月ほどで鎮圧されたという「結果」を知っていますが、当事者である尊氏や直義からすれば、北条時行に必ず勝てるという確証があったわけではありません。負けるかもしれなかったわけです。彼らの敵は、明確に時行と鎌倉幕府の残党であって、後醍醐天皇や建武政権を敵だと考える余裕があったとは思えません。

実際、緒戦で直義はいいところなしに惨敗を喫し、関東全域を北条時行に占領されてしまいました。そのまま放置すれば、まさに「承久の乱アゲイン」ということになっていたかもしれません。尊氏にしても、必ず勝てるという保証などありません。結果として圧勝に終わりましたが、それはあくまでも結果でしかないのです。

むしろ、時行に圧勝して一番驚いたのは尊氏だったかもしれません。時行勢の攻勢に暗雲が垂れ込めたのは、鎌倉の大仏殿が強風で倒壊し、多くの犠牲者を出したという「アクシデント」があったからとされています。大仏殿の崩壊は、単に死者が出て兵力を損耗したという以上に、精神的な痛手をもたらしたのではないでしょうか。自分たちの軍には神仏の加護がない。それは正統性がないからではないだろうか。そうした不安は、将兵の精神に陰りをもたらし、戦意は著しくそがれたことでしょう。これもまた自然災害ですから、まったく予想し得ない出来事だったわけです。

尊氏の真意と後醍醐の誤解

尊氏は最終的には後醍醐天皇や建武政権と「手切れ」をするわけですが、実際は中先代の乱の後も後醍醐に和歌を提出したり、官位を上げてもらったりしています。つまり、君臣の関係に変化はなく、友好的な関係のままだったのです。両者の関係に亀裂が入ったきっかけは、後醍醐の帰京命令に尊氏が従わず、勝手に恩賞宛行を始めたことです。しかし、これも尊氏からすれば、北条氏の残党を鎮圧するためにしばらく鎌倉に腰を落ち着けて、関東をある程度統治しようと思っていただけだと思いますが、後醍醐は尊氏に政権から離脱して独立する意志があるのではないかと「誤解」した。その行き違いが互いに後に引けない状況を招き、結果として対立が生まれてしまったのではないかと、私は考えています。つまり、尊氏には後醍醐と敵対する意図など最後までなかったが、それを後醍醐が誤解してしまったのが、すべての失敗だったということです。

最近の研究では、尊氏が行った恩賞宛行は、実は東国に下向する前に、事前に後醍醐に認められていた権限だったのではないかとする見解もあるようです。非常に興味深い見方です。もしそれが事実であるなら、尊氏と後醍醐が対立する理由は、ほとんどなくなってしまうのです。

いずれにせよ、尊氏は、そして直義も、中先代の乱が勃発して鎮圧するまでの間は、後醍醐への叛意などまったくなかったことは、私が年来主張している通りです。

護良親王はなぜ殺されたのか

中先代の乱の折、鎌倉将軍府の直義管轄下で幽閉されていた護良親王《もりよし》が、命を奪われています。北条時行の軍勢が迫ってきた状況で、護良の存在は足手まといというだけではなく、敵に奪われれば非常に面倒なことになります。それを避けるために、直義は護良を殺害したのでしょう。

この護良殺害も、尊氏・直義兄弟と後醍醐との対立と結び付けて語られることがあります。もともと護良は、尊氏と対立しただけではなく、その言動が父である後醍醐の不興と疑念を招いて流罪とされたわけで、いわば護良の処罰は尊氏も後醍醐も同意していた措置であって、両者の対立の徴証とみるのは無理があります。

しかも、護良を幽閉していた直義は、すぐに護良の命を奪ったわけではありません。北条時行の挙兵というアクシデントがなければ、おそらく護良は殺害されることはなかったでしょう。殺す理由がないからです。

結果から遡及する歴史像

ここまで見てきましたように、中先代の乱の「結果」は、敵も味方も誰も予想しない結果になったのだと、私はみています。この戦が、室町幕府誕生のきっかけとなる戦いであったのは事実です。しかし、それ以上の意義がこの戦いにあったかというと疑問です。わずか二か月ほどで終わった戦乱ですし、後世に与えた影響という点でも、最終的に幕府再興を目指した北条一族残党は掃討されてしまいますので、それほどの意義があったとは考えられないと思います。

尊氏と直義が、その後、建武政権と対立するようになり、南北朝の分裂、そして室町幕府の樹立という道をたどるのは、すでにご承知の通りです。しかし、繰り返しになりますが、それは「結果」にすぎません。中先代の乱が勃発した段階では、建武政権の一員として、尊氏も直義も、その鎮圧に全力を傾けていただけで、その後に後醍醐に対し反逆するなどといった意識はどこにもうかがえません。ましてや、中先代の乱を好機ととらえ、自らの独立、そして幕府の樹立のきっかけにしようとした形跡は存在しないのです。

おそらくそれは、『太平記』の作者や、私たち歴史家を含む後世の人間が、結果から遡及するかたちで作り上げてしまった、現実と乖離《かいり》した歴史像なのではないでしょうか。

新説6 享徳の乱——応仁・文明の乱を引き起こしたのか

一九六三年に出された新説

享徳の乱は、その名称が認知されるようになってから、比較的日が浅い戦乱です。室町時代中期の享徳三年(一四五四)十二月二十七日、関東公方《くぼう》の足利成氏《しげうじ》が、関東管領の上杉憲忠《のりただ》を自邸に招いて謀殺しました。この事件を発端に、関東は約三十年続く内乱に陥ります。この内乱は、特に呼び名があったわけではないのですが、昭和三十八年(一九六三)に中世史研究者の峰岸純夫さん(東京都立大学名誉教授)が、この乱を「享徳の乱」と呼ぶことを提唱しました。乱の勃発年にちなんだネーミングです。

峰岸さんが、この享徳の乱の意義として提唱した「説」は、大きく分けて二点。ご自身の整理によれば、

（1）戦国時代は応仁・文明の乱より十三年早く、関東から始まった。
（2）応仁・文明の乱は「関東の大乱」が波及して起きたものである。

ということになります。

これは、応仁元年（一四六七）に始まった応仁・文明の乱を画期として、京の都は戦乱で荒れ果て、その戦火が全国に飛び火して戦国時代となったという「通説」を前提として、それに修正を迫る説といえるでしょう。

峰岸さんの見立てによれば、この内乱の中心となるのは関東公方（古河公方）と上杉方の対立抗争ですが、より本質的なのは、上杉氏を背後で支えていた京の幕府＝足利義政政権が、古河公方を倒すために起こした「東西戦争」だったということになります。

応仁・文明の乱の原因については、将軍家や有力守護大名家の家督争いが古くから指摘されて定説となっていますが、峰岸さんや、峰岸説を支持する研究者は、享徳の乱に介入する足利義政と、その下で管領を務めてきた細川勝元に対する、管領斯波義廉《しばよしかど》や山名宗全・畠山義就《よしひろ》らの反発が大きな要因となったとみています。

享徳の乱の経緯

享徳の乱の経緯については、何しろ二十九年にも及ぶ長期の戦乱のため、コンパクトに説明するのは極めて困難です。阿部能久《よしひさ》さん（聖学院大学准教授）は、次のような流れで説明しています。

①足利成氏による上杉憲忠の謀殺
←②足利政知《まさとも》の関東下向と五十子陣《いかっこじん》の形成
←③長尾景春《かげはる》の乱
←④都鄙《とひ》和睦

このうち②は、将軍義政が、足利成氏を打倒するために、新たな関東公方として庶兄の政知を関東へ派遣したことを示しています。しかし政知は鎌倉に入ることができず、伊豆の堀越にとどまったことから堀越公方と呼ばれるようになります。五十子陣とは、同じころ、上杉方の拠点として設けられた場所です。

③は、打ち続く戦乱のなか、上杉氏の家宰を務める長尾氏の家督争いから起こった争乱です。長尾景春は上杉氏の拠点である五十子陣を落とし、上杉氏は逃走します。長尾景春にストップをかけたのは、扇谷《おうぎがやつ》上杉家の家宰である太田道灌《どうかん》でした。道灌の活躍で長尾景春は力を失い、再燃していた足利成氏と上杉氏との抗争も、いったん和睦がなされます。

④は、足利成氏が越後の守護で関東管領上杉顕定《あきさだ》の実父でもある上杉房定《ふささだ》を仲介として、幕府（足利義政）と和睦したことを示しています。

この和睦によって、いったんは幕府に弓を引く敵（朝敵）となった成氏は、その責任を問われることなく、現状を幕府が追認するという成果を勝ち取ったことになります。

応仁・文明の乱との関係は？

先に挙げた峰岸説の（1）、すなわち、享徳の乱によって、関東がいち早く戦国時代を迎えたということに関しては、学界においても認識として共有されているように思います。

応仁・文明の乱は、確かに大きな時代の画期となったと思いますが、全国レベルで広がった戦国時代の起点を、それだけに限定するのは、やはり無理があります。少なくとも関東においては、享徳の乱の勃発をもって室町幕府による秩序がほころび、戦乱の世になり、それが後北条氏の台頭によって本格的な戦国時代に入ったという理解でよいように、私も思います。

問題は（2）についてです。この部分については、積極的に支持している研究者というのは、それほど多くはないように思います。享徳の乱に幕府が絡んでいたのは事実です。そして応仁・文明の乱は、全国を巻き込んで起きた戦乱ですから、足利義政を筆頭に、この二つの戦乱にかかわった人物もいます。したがって、享徳の乱と応仁・文明の乱が何らかの形で関係していたというのも事実でしょう。それを否定する人はいないとも思います。

しかし、享徳の乱と応仁・文明の乱が影響を与え合ったという点を強調する研究者のなかでも、関東の戦乱が京都にも影響を及ぼした側面に注目する峰岸さんのような研究者もいれば、京都の政局が関東にも影響を及ぼした側面を重視する家永遵嗣《じゅんじ》さん（学習院大学教授）のような方もいて、すべて同一意見というわけではないようです。

いずれにせよ、享徳の乱が中央に波及したことで応仁・文明の乱が起きたとまでいうのは、いささか強引な気がします。享徳の乱に注目し、その意義を明らかにしたことは画期的だと思いますが、その影響力をあまりに拡大解釈するのは、若干行きすぎのような気が、私はしています。

近年、峰岸さんは『享徳の乱　中世東国の「三十年戦争」』(講談社選書メチエ)を上梓し、世間で話題になった呉座勇一さん(国際日本文化研究センター助教)の『応仁の乱』(中公新書)では応仁・文明の乱の発端をもっぱら畿内での出来事として描き、享徳の乱の影響についてあまり言及していないことが、執筆の動機になったと記しています。

つまり、「享徳の乱」⇩「応仁・文明の乱」という図式は、歴史学会で通説となるには至っていないということなのです。

室町幕府と鎌倉府との関係

京都の室町幕府と関東公方の鎌倉府との関係については、かつては常に敵対関係であったかのようなイメージがありました。私は以前、鎌倉府の研究を手掛けた折に、実は友好的で協力し合う関係のときもあったという指摘をしたことがあります。現在では、両者が協力関係にあったということにも理解が広がり、享徳の乱によって、それが本格的な対立局面に入ったという理解が進んでいると思います。

鎌倉府が、すでに滅んでしまった鎌倉幕府の影響を強く受けているという見解もあるようです。しかし、関東公方や関東管領の発給文書に見られる鎌倉府の統治機構に着目するかぎり、私は同時代の京都の室町幕府の影響を如実に受けているように理解しています。

その意味で、京都の室町幕府と鎌倉府との関係は、一般的にイメージされるよりも近い関係にあったといえると思います。それが、享徳の乱を契機として重大な対立に至り、結果として享徳の乱の影響が京都、ひいては応仁・文明の乱に影響を与えたとみるのは、決して間違いだとは思いません。しかし、享徳の乱がなければ応仁・文明の乱は起きなかったかのように位置づけるのは、なかなか理解を得られないように思います。応仁・文明の乱を惹起した決定的要因を説明できないからです。

享徳の乱研究の新段階

つい先ごろ、戦国史研究者の黒田基樹さん（駿河台大学教授）が、『図説 享徳の乱』（戎光祥出版）を上梓しました。享徳の乱の二十九年における、個別具体的な争乱や合戦の推移について詳細をまとめた労作です。年次比定が非常に難しかった足利成氏の無年号文書を詳細に検討した研究をもとに、享徳の乱の流れをかなりクリアにすることに成功しています。

この本は、享徳の乱が関東戦国史の幕開けになったという理解を基本に置いています。しかし、応仁・文明の乱との関係については、幕府から追討の対象となってしまったことに不満を持つ足利成氏が、応仁・文明の乱による幕府の分裂状況をうけて、足利義視《よしみ》を奉じる西幕府に接近した事実を指摘しているだけで、応仁・文明の乱の勃発に影響を与えたという件については触れていません。

つまり、それほど大きな影響を及ぼしたわけではなく、決定的な要因となったわけでもないという解釈なのではないでしょうか。

いずれにせよ、黒田さんの著書をきっかけに、おそらく享徳の乱研究は新たな段階を迎えることになると思います。享徳の乱の基本的な動向をおさえつつ、関東諸地域の具体的な動向や、周囲に与えた影響についても、今後明らかになってくることと思います。

応仁・文明の乱との関係についても、さらに議論が深まってくることを期待したいと思います。

桶狭間の戦いで今川義元が討たれる場面を描いた錦絵（個人蔵）

第 3 章 新説戦乱の日本史

戦国の戦乱―

川戸貴史

川戸貴史（かわと・たかし）

1974年兵庫県生まれ。一橋大学大学院経済学研究科博士後期課程単位取得退学。博士（経済学）。現在、千葉経済大学経済学部教授。専門は貨幣経済史。主な著書は『戦国期の貨幣と経済』（吉川弘文館）、『中近世日本の貨幣流通秩序』（勉誠出版）、『戦国大名の経済学』（講談社現代新書）など。

新説 7 応仁の乱――財政再建をめぐる主導権争いが招いた争乱だった

貨幣経済史から戦国時代の何が見えてくるのか？

私の専門は貨幣流通経済史ですから、まず貨幣経済史とは何か、そこから戦国時代の何が明らかになるのか、といった観点から話を進めていきたいと思います。

まず、中世の日本の貨幣は渡来銭、つまり中国から入ってきた貨幣である、という大前提があります。渡来銭は十二世紀の後半から日本で普及していきますが、これは東アジア世界の変動とも密接に絡んできます。当時の中国の貨幣というのは、非常に国際性のある貨幣だといえます。

一方欧州は十六世紀の大航海時代として知られる時代を迎えた後、「十七世紀の危機」という不安定な時代に突入していきました。そのなかに、日本の南蛮貿易が含まれてくるわけです。世界的な広い観点からみれば、渡来銭というのは欧州や大陸と日本の政治・経済情勢のつながりを見るためのツールとなりうるのです。

私の研究は、渡来銭がなぜ日本で流通したのか、また戦国時代になると問題化する「悪銭」の背景はどこにあるのか、というところから始めました。悪銭が問題化した要因としては、中国からの流入減少という要素はもちろん大きいのですが、もうひとつの大きい要因として、応仁の乱以降に戦国大名などと呼ばれる勢力が登場したことと同時に、大名の領国、研究史でいうところの「地域国家」のようなものが誕生したことが挙げられます。

つまり、日本列島における政治秩序が分裂すると同時に、貨幣流通秩序も分裂していった、ということです。鋳造技術の不足と渡来銭の流入不足にくわえ、国内の分裂した状況が悪銭を生み出した、という流れです。

戦国時代はそうした状況下にあり、経済においても「地域国家」の影響を受けていました。領国間の物流が完全に断裂するというわけではありませんが、領国単位で経済が回るような構造が各地で出来上がっていく。各地の撰銭令《えりぜにれい》の内容を分析すると、大名の領国ごとに使用する貨幣、排除する貨幣の基準が異なっているのがわかります。つまり、貨幣の基準そのものも、領国の単位で違ってくるのです。

そうして、日本列島における貨幣流通構造が地域に分化していく。そういう構造変化が起きていくのが戦国時代であって、悪銭とか撰銭などという問題は、それに付随して起きる現象のひとつといえます。

では、分水嶺となる戦国大名の登場とその領国の誕生、そうした時代へ突入する大きな契機となった応仁・文明の乱（以後「応仁の乱」）は、経済史のなかではどういう位置づけになるのか。それを追ってみたいと思います。

応仁の乱の背景にあった気候変動とその影響

応仁の乱は、足利将軍家の後継者争いや、斯波氏、畠山氏などの家督争いに、幕府の実権をめぐる細川勝元と山名持豊（宗全）のヘゲモニー争いが重なり、応仁元年（一四六七）に起きたとされる内戦です。各地の守護大名が東軍（細川方）と西軍（山名方）とに分かれて文明九年（一四七七）まで十年に及び、戦いが続きました。主戦場となった京都は荒廃し、守護大名の多くは領国に下り、地域での紛争を継続します。そして、それが戦国時代へとつながったと考えられています。

近年になり、気候変動から日本史を分析するという研究が進んでいます。それによると、十五世紀の日本というのはその前後に比べるとかなり冷涼かつ湿潤な気候、つまり寒くて雨が多い時代へと移行しつつあったことが明らかになってきました。

一方で、文献上の研究からも十五世紀前半はとくに飢饉が多い時期で、それが荘園制にも影響を与えた、などともいわれています。一四四〇年代から六〇年代にかけて湿潤な時期となり、洪水が増加したために年貢納入に苦しむ荘園がみられることが指摘されているのです。これは冷涼化そのものの影響というよりも、気候変動に即応することが難しかったことによるとみられています。

この時代というのは、これまではむしろ干ばつの影響が強いイメージだったのですが、気候変動の研究によると実はそうではなく、洪水や冷害の影響がかなり大きいのではないか、といわれています。まだ分析の過程にあるので、確実に断言できる段階ではないのですが、そういう傾向がみてとれます。

ところが、寛正二年（一四六一）には一転して干ばつに見舞われ、全国的な飢饉となります。この「寛正の大飢饉」が応仁の乱に大きな影響を及ぼしたというのはよく指摘されているとおりです。

このときの京都近郊はとくに飢饉がひどく、さらに守護同士の争いによって地域全体が混乱していたため、難民化した人々が京都に殺到することになりました。幕府や京都の寺社は、粥を施すなどの対策を行いましたが、これは焼け石に水で、結局大量の餓死者を出すことになります。

飢饉の多発により、とくに京都近郊の生活に苦しむ人々が難民として京都へ押し寄せる、それがさらに食糧不足に拍車をかける、という負のサイクルです。さらに衛生面などの問題もあり、死者が拡大していくわけです。

一四六〇年代に各地で発生した地域紛争は、飢饉の被害をより拡大させることにもつながりました。そして、それらが原因となって農村は疲弊し、難民化する人々が出てきます。人々は農村から切り離され、食い扶持を求めて戦場へ出ていく。これがいわゆる「足軽」と呼ばれる人々となり、末端の兵士として戦闘行為を担うのです。彼らはもともと農民ですから、練度やモラル水準が低く、軍紀を乱して掠奪《りゃくだつ》に明け暮れる者はやはり多かったようです。

また、戦争は兵站《へいたん》、つまり補給活動が非常に重要になります。これには非戦闘員である農民たちが動員されるケースがほとんどでした。ゆえに彼らが農作業に従事する期間、つまり春や夏というのは、基本的に戦争はあまりできないわけです。

しかし応仁の乱では、農閑期を気にすることのない足軽が常に存在していました。これにより、軍を解くタイミングや撤退するきっかけを失って戦が長期化した、という側面はあるかもしれません。

室町幕府の経済的基盤とは

室町幕府には直轄領があり、御料所と呼ばれていました。その多くは鎌倉幕府の所領を引き継いだ関東の所領で、さらに南北朝の内乱において討伐した南朝方の所領なども、一部を直轄領として幕府の管理下に置きました。これらの一部は恩賞として幕府直属の家来である奉公衆に知行として分け与えられ、彼らは現地で御料所を管理しました。

一方で各地の守護も、幕府から所領を分与されるなどして守護領が設定され、そこからの年貢収取が収入源となっていました。彼らは荘園や御料所の年貢の半分を徴収する権利を与えられる（半済《はんぜい》）などの特権を有していたため、結局幕府は京都近郊の没収地や直轄地からの収入に頼らざるを得ず、財源的に十分ではありませんでした。

室町幕府が鎌倉幕府と大きく違っていた点は、首都である京都を直接統治したことであり、ここにきてそれが非常に重要になります。室町幕府は京都の住人に対して固定資産税（間口にかける地口銭など）や商業課税（金貸し業である土倉役、酒屋役など）を賦課し、主要な財源とするのです。京都にはさまざまな製造業者がいたので、それぞれに課税をしました。たとえばお酒関連だと、酒屋だけでなく、酒造元の麹《こうじ》などにも課税しました。

また、少し特殊な財源としては、日明外交にともなう朝貢貿易が挙げられます。中国から多くの陶磁器や絹織物が日本に輸入され、公武や寺社の間で贅沢品として高値で取引されました。明朝は多くの回賜《かいし》を朝貢国に与えたので、自動的に朝貢国である日本は収益を上げられる構造になっていました。

この日明貿易は義満期と義教期におよそ限定されますが、その収益は、幕府の年間収入のおそらく二倍から三倍くらいであったと私は見積もっています。最大で二〜三万貫、陶磁器などの下賜品を入れるともっと多くなると思われます。ただこれは毎年ではなく、明王朝からは十年に一度に制限されたりしているので、どこまで幕府全体の財政に影響したかという判断は難しいのですが、幕府の財政を潤すひとつの要因にはなっていたでしょう。

しかしこの日明貿易も、十五世紀後半になると明朝が混乱してきたために、なかなか収入が見込めなくなってきます。将軍義教が殺害された嘉吉の乱以降は、商業課税もうまくいかなくなり、徳政一揆などの問題もあり、幕府の財政は急速に悪化していきました。

こうした流れからみてみると、義政期の室町幕府は財政再建が最大の政治課題であり、その路線をめぐる幕府内部の対立、主導権争いが応仁の乱の要因のひとつになっているといえるでしょう。
細川勝元などの大名層《たいめい》と将軍側近である伊勢貞親などの対立はよく言われることですが、財政問題も大きな要因のひとつというのは間違いないと思います。

室町幕府の具体的な施策とその効果

室町幕府の財政は、基本的に先述のような仕組みによって成り立っていたのですが、十五世紀前半になると京都への富の集中にともなって財政もそこからの収取（都市課税）に依存する傾向が強くなり、各地の所領支配に直接介入することは少なくなります。直轄地を委託された奉公衆らの直属被官は、結果的に彼ら独自の財源として取り込むようになり、幕府もなかば容認するようになりました。

守護領においても同様で、守護の統治能力を監視する幕府の意欲も希薄になり、それが結果として当主の統治能力不足にともなう内訌《ないこう》を許すことにつながりました。

同様に、各地の荘園においても荘園領主と現地管理の荘官、そして守護らの武家領主との間で紛争が頻発し（多くは境界紛争か）、その調停は幕府に持ち込まれました。しかし、それに対する差配は将軍本人ではなく伊勢氏などの側近たちが行うことが多くなります。

これがかえって守護の反発を招く結果にもなり、また彼ら側近衆が幕府内で権力を高める結果になりました。義政期になるとその傾向が強くなり、義政自身ですら側近たちの制御が不可能になります。その最たるものが文正の政変といえるでしょう。

一方在地では、そうした統治の混乱によって自衛のために荘官らの武装化が始まり、ときには武家領主の被官となる者も現れるようになります。彼らの中には大規模領主化（国人）する者もいれば、武家領主の軍制の末端を担う兵卒（足軽）となって戦場へ動員される者もいました。いくつかの守護は、任国においてその編制を進めることにより軍事力を強化していきますが、それがかえって問題解決に際する軍事力行使への誘惑を招き、応仁の乱の大きな要因となりました。

荘園における諸問題、たとえば不作や年貢収集をめぐるトラブル、災害復興などを誰が主導して解決するのか。責任の所在は荘園領主なのか荘官なのか守護なのか、そういうことで揉めることになるのですが、幕府にはそれに介入するインセンティブ（動機づけ）がだんだん失われつつあるため、結局守護に任せきりにならざるを得ません。ただ、守護の多くは京都にいるので、その代理である守護代に対応をゆだねることになります。

そうすると、守護代は否が応でも地域社会をまとめなければならないわけですが、問題を解決できた守護代のなかには、地域社会の用心棒のような存在として人望を集める者も出てきます。安芸の毛利氏や越前の朝倉氏などがそうです。十五世紀の後半になると、そういった領主たちが実質的に守護の権限を奪い取る形で台頭してくるわけです。

一方で荘官のなかにも、武装化してトラブルに対処しようとする人物が登場してきます。ただ、個人では守れないので、彼らは守護代や国人領主の被官となることで集団化して地域を守ることになります。地域社会の末端で武装化した人々が自律的に連合体や同盟を組んで秩序維持を担うのです。

こうした動きに対して、室町幕府はほぼノータッチです。彼らは「自分たちの社会は自分たちで守る」と腹をくくっているわけで、当然ながら幕府や守護との関係は希薄化していきます。そういうなかで応仁の乱が勃発したため、結果的に幕府や一部の守護(斯波氏など)には到底コントロールできない事態になってしまう。応仁の乱とその前後の流れを幕府の施策という面から見ると、こういう形になると思います。

幕府の対応という形でまとめるとするなら、幕府の財政悪化から再建するために京都の統治に特化した結果、地域の秩序安定や京都への富の集中という問題を解決する意欲が幕府から失われていく。つまり幕府の財政再建のなかで、地域社会の再興という意識が完全に抜け落ちてしまった、ということです。

室町幕府というのは、戦国時代に入ると明らかに京都とその周辺だけの支配に限定されていくわけですが、その大きな要因は、そうした応仁の乱以前からの政策の基調・傾向が大きく影響しているのだろうと考えています。

日野富子の再評価と利殖

乱が長期化したことで、当事者たちの厭戦気分は高まったものの、長い対立を経たため当事者同士で落とし所を見つけることは難しくなりました。そこで義政に代わって両者を取り持ったのが日野勝光でした。

勝光は乱の当初から足利義視《よしみ》と対立していたため、義視を奉じて抵抗を続ける畠山義就《よしひろ》や大内政弘と交渉を行いますが、文明八年（一四七六）に勝光が死去したため、それも暗礁に乗り上げました。そこで、勝光の遺志を引き継いで交渉に携わったのが、勝光の妹の富子でした。勝光もそうですが、義視の妻が富子の妹であったため、義視との接触が容易だったことは大きいでしょう。

文明九年に入ると、富子は義視との交渉を重ねるようになり、義視は義政への口利きを富子へ依頼するようになります。富子は義視の面目が立つように工作し、義視の西軍への逐電は伊勢貞親に命を狙われたための仕方ない行動だとして義政に赦免を請い、義政がそれを許すように仕向けました。これによって乱の大義名分は喪失し、その終息を導くことになります。

富子のイメージは「悪女」「金の亡者」とされることが多かったのですが、研究者の間ではそのイメージは過去のものとなっています。富子の幕府内における財政や金融への介入は一四七〇年代になってから目立つようになりますが、その頃にはすでに義政にそうした問題を解決する意欲は小さく、幼い義尚《よしひさ》にはその能力がありませんから、幕府財政を支えるために富子自身が施策を講じる必要に迫られたことがその理由でした。先述のとおり、財政面からみれば、京都の商業課税でしか幕府が生き残る道はなかったのです。

ただ、京都の入口に関所を築くなどの政策が京都周辺の民衆の反発を招いたことは確かで、財政再建への強い意欲だけが先行した側面は否めません。とはいえそれは私腹を肥やすためではなく、幕府の財政再建が第一であったと私は評価しています。また、各地の直轄領支配が実質的に崩壊していたため、都市経済への課税は致し方ない側面もありました。

なお、東軍方だった富子が敵方である西軍の将に軍資金を貸し付けたとの主張もかつてはありましたが、これは人名比定が誤っており、実際には東軍方、つまり味方である畠山政長に貸し付けたのではないか、と中世史研究者の呉座勇一氏は指摘しています。

経済の側面からみた応仁の乱の「その後」

応仁の乱は、もともと京都に拠点を構えていた守護らを任国に拡散させました。政治的には、そうした人々のなかから戦国大名と呼ばれる権力が登場し、実質的な「地域国家」となる領国を形成して、日本列島を事実上分裂状態にしました。経済的には、大名が政治的・経済的中心地を領国に構えたことによって、それらが地方都市（城下町）としてそれぞれ発達することにもつながりました。その都市の多くは、現在においても地方の主要都市となっているのは周知の事実でしょう。

中世は、基本的に京都に一極集中していたとよく言われます。そういう意味で、地方都市の発展はその後の歴史の流れをつくる大きな契機になったと言えます。

戦国時代は戦乱の時代であったことは確かですが、このように地域国家が形成されたことで、地域経済の発達を促す側面も確実にありました。戦国大名は財源の多くを幕府の利権や荘園を接収することで確保しましたが、それでは足りずに独自の財源を切り開く必要がありました。そこで新田開発を促進したり、物流の拠点を築いたり、新たな財源獲得のための資源開発（鉱山開発）や対外貿易を独自に推進したりといった方法に出ます。なかでも十六世紀の石見銀山の発見は、日本経済に多大なインパクトをもたらすことになります。

また十六世紀後半には、世界的な物流網の構築とリンクする形で、東アジア・東南アジアとの貿易が活性化し、特に西日本に多くの富をもたらしました。

こうした動きとの因果関係は不明瞭ですが、十六世紀の日本は人口が増加トレンドにあったと考えられています。その主たる要因は気候の安定化にあったと考えられますが、前記のような地域開発の活性化も大きく作用したのではないでしょうか。

ただし、開発が境界領域まで進んだことが紛争を惹起することにもつながり、それが大名間の戦争へと拡大することもしばしばありました。朝廷や幕府にそれを調停する機能はほとんどなく、社会の側からの要請で、統一的な国家権力の登場が待たれる状況に至ったとみられます。織田信長はそれに挑戦して頓挫しましたが、最終的には豊臣秀吉がそれを達成し、列島規模での社会システムの統一化へと進んでいきました。

しかし一方で、フロンティアの喪失による開発の頭打ちにより、富を対外侵略に求めるという負の側面があったことも直視せねばならないでしょう。

新説 8 桶狭間の戦い――どれくらいの軍勢と経費が投入されたのか

桶狭間の戦いの概要

最初に、桶狭間の戦いの概要をおさらいしておきたいと思います。

これに先立つ織田信秀の時代から、尾張と三河の国境地域では今川氏との境界紛争（争奪戦）が長期化しており、天文十八年（一五四九）に織田方が押さえていた安祥城が今川方に渡ると、織田方は徐々に劣勢に立たされていきます。これにより尾張鳴海城主の山口教継《のりつぐ》が今川方に寝返り、織田方は窮地に立たされました。山口教継は後に駿府で謀殺され、鳴海城には岡部元信が入りました。

しかし信長の代になると織田方有利に形勢が変わり、永禄二年（一五五九）頃には、鳴海城とその南西に位置する大高城（いずれも今川方）を牽制すべく、信長はそれぞれ付城《つけじろ》（攻城のための城）を築きます。そのうち大高城に対しては、丸根砦（佐久間盛重）、鷲津砦（織田秀敏・飯尾定宗）が築かれました。

翌三年の今川義元の尾張侵攻は、この大高城への救援と兵粮《ひょうろう》補給が主目的であったと考えられています。上洛まで考えていたとする説は現実的ではありません。ただし『信長公記』にあるように、今川軍が仮に四万を超える規模であるとすれば、大高城救援だけを目的とするには規模が大きすぎます。そこで尾張制圧や伊勢湾制海権の獲得などを目的とする説なども出されている、というのが現状です。

そして永禄三年五月十日、今川軍は駿府を出発し、十七日頃に尾張・三河国境地域の沓掛城に入ります。十八日夕方に清洲の織田方へその情報が入った後の信長主従の反応は、『信長公記』においても諸本によって内容が異なっています。「陽明本」によると、信長は軍議を開くこともなく、雑談に終始したといいます。とはいえ信長の心中では決戦を決意しており、翌日にそれを密かに実行したことになります。

しかし「天理本」によると、信長は軍議を行い今川軍との決戦を主張しますが、家臣たちは清洲への籠城を主張したといい、信長はその意見を聞き入れなかったとしています。歴史作家の桐野作人氏は「天理本」の説を採用しており、私もそれに従いたいと思います。

翌十九日早朝、有名なエピソードである「敦盛」の舞を終えた信長は、急ぎ出陣します。付き従う小姓はわずか五騎、雑兵を含めても二百人ばかりだったといいます。後に追いついた兵が加わり二千人程度にまで増えたといいますが、おそらくすべてが戦闘員であり、信長は短期決戦に懸けたのでしょう。

一方、大高城では十八日夜から今川方の松平元康（徳川家康）によって大高城への兵粮補給が決行されたようです。それに成功した後、翌十九日早朝には今川軍が丸根・鷲津の両砦に攻めかかりました。すでに攻撃の可能性について報告を受けていた信長は、両砦から煙が上がっていることを確認し、熱田から鳴海城の付城である丹下砦、そして善照寺砦に入りました。ここで、同じ鳴海城の付城である中嶋砦にいた佐々《さっさ》隼人正《はやとのしょう》と千秋《せんしゅう》季忠《すえただ》が突如として今川軍に突撃し、彼らを含む五十騎ほどが討ち死にしました。突撃の理由は諸説ありますが、功を焦った可能性が有力です。そして丸根・鷲津砦は今川方によって陥落しました。

中嶋砦は今川軍に最も近く、しかも悪路で移動が難しいため周囲は砦に入ることに反対したといいますが、それを押し切って信長は中嶋砦に入りました。

ここで信長は、配下に対して大音声で下知を下して士気を高め、この頃に近くを通りかかった今川本隊に突撃していきました。この時今川義元は「おけはざま山」に居たとされるのが通説ですが、彼は佐々・千秋両名が討たれる場面を実見していたことから、それが見えない「おけはざま山」は不適切との指摘がなされています。現在では、より前線に近く中嶋砦にも近い高台である漆山付近に義元が居た可能性の高いことが指摘されているようです。

しかし義元の位置は確定しがたく、現在でも諸説が入り乱れているのが現状です。桐野氏によると、中嶋砦を出た信長は尾根伝いの移動中に義元本隊を発見し、丸根・鷲津砦に向けて攻撃を仕掛け、その先の大高城へ向かっていた義元本隊へ攻撃したのではないかとしています。いずれにしても、今川義元は織田軍の急襲を受け、首を討たれました。

今川軍は義元の戦死によって総崩れとなり、撤退しました。大高城に入っていた松平元康らや鳴海城の岡部元信もまた、城を明け渡して撤退しました。これにより今川氏は、尾張のみならず三河国の統制権をも失い、元康は岡崎に戻った後は動かずに今川氏からの独立を果たすことになりました。一方の信長は、これによって尾張国における覇権が確立しました。

今川・織田軍の動員兵数は?

ここからは、経済の側面からこの戦を見ていきたいと思います。

まず、両軍が動員した人数を確認します。『信長公記』によれば、織田軍は二千人未満としています。これは戦闘への流れから考えて、戦闘員のみで構成されていた可能性があることは留意しておきたいと思います。

対して今川軍は『信長公記』では四万五千、松平家忠の日記、通称『家忠日記』では約四万となっています。いずれにしても、これは非戦闘員もすべて含めた数字、かつ信長の事績を顕彰するための誇張がある可能性が高いと思われます。

小和田哲男氏は、軍記『北条五代記』の記述に従い、その数を二万五千と見積もっています。そこには非戦闘員も含まれるので、戦闘員に限れば二千〜三千程度ではないかと指摘しています。かつて私の著書『戦国大名の経済学』ではこれを採用しましたが、今川方に数千人の死者が出ている可能性が指摘されていることを考慮すると、これではさすがに少ない気もしています。また織田方の戦闘員が二千人とすると、戦闘員の数で両者がほぼ同格となってしまいます。そうした点を鑑みると、今川方はやはり戦闘員だけで織田方の倍以上はいたのではないかと最近は考えるようになりました。

ただこれらも、今川義元がこれをどういう戦争と捉えていたかにもよります。尾張を完全に軍事制圧すると考えていたとすれば、同格の戦闘員ということはありえません。ただの境界紛争で、織田方の砦に囲まれた城兵の救済のために軍を出したとすれば、そういう規模もありえるのでしょうが、それだと義元自身が出陣することはないでしょう。やはり義元は、それなりの兵力でそれなりの覚悟をもって出陣したと考えたほうがよいと思います。

当然ながら、戦闘員の後方には兵站を担う百姓が大量動員されているので、それを含めると数万の規模になるのは間違いありません。小和田氏の説を否定するつもりはありませんが、その配分に少し問題があるのかもしれない、という気はしています。

北条氏の事績を伝える史料として、通称「所領役帳」があります。永禄二年の記録によれば、軍勢の最小単位と思われるひとつのユニットが二十〜三十人となっています。規模が大きい国人領主だと、これが五十〜百人となります。北条氏の家臣団は五百〜七百人ほどなので、総動員したとしてもおよそ五万〜六万人。もちろん全員を連れていくことはできないので、仮に半分だとしたら二万〜三万人となります。

たとえば、いわゆる第四次川中島の戦いも同じ頃なので、武田・上杉両軍がこれくらいの兵力を動員することも物理的に不可能ではないと思います。ただ、甲斐・信濃や越後にそれだけの数を徴集できる人口がいたのかというと、これはわかりません。

戦争経費からみた戦国合戦……桶狭間のケース

桶狭間の戦いに戻ります。小和田氏の提示している今川勢二万五千という数字は、前述のように確定とはしがたいのですが、ここでは仮にそれに従って推計していくこととします。また、戦争における経費を計上するため、ここでも比較的史料がそろっている小田原北条氏の軍役負担を参考にしたいと思います。

北条氏の場合、貫高五貫文につき一人の軍役負担が標準だったとされています。今川軍の場合、前述のように戦闘員が二千〜三千人では少なすぎる可能性があるので、仮に一万人とします。そこに北条氏の軍役負担を仮に当てはめてみると、貫高で五万貫文となります。

貫高がそのまま費用負担となるわけではなく、二割程度が実際の負担額とすると、一万貫文程度でしょうか。私は当時の一貫文を現在の価値にしておよそ六万〜七万円とみているので、今川軍の軍役負担は六億〜七億円程度という計算になります（武具や馬の準備なども含む）。これは大名が負担するわけではなく、家臣らが被る経費となります。

それにくわえて、兵粮等の物資の費用もばく大です。戦では、一般的に三十日程度の兵粮が用意されることが多いとされています。ただし自己負担は短期決戦に限られるので、桶狭間の戦いのような遠征の場合、基本的には大名が負担します。米は一人一日六合支給が一般的で、一万人であれば一日六十石、三十日では千八百石となります。当時の一貫文＝二石程度（中世にしては安い）とすれば、単純計算で九百貫文となり、現在の価値で見積もれば六千万円程度となります。

その他、さまざまな物資の調達や輸送経費等もあるので、この時今川氏が準備した費用は、現在の価値にして数億円にはなったと思われます。今川氏のように複数の国を支配する大名であってもかなりの負担になったと思われます。そう考えると、この戦争には期するものがあったでしょう。それだけに、敗戦による痛手は、当主を失ったことを合わせるとやはり重大であったことでしょう。

なお、織田方については戦闘員のみの短期決戦だったので、戦闘にかかる費用は小さかったのではないかと思います。もちろん付城の築城やその維持管理、勝利に対する恩賞付与などで大きいコストを負担する必要はあったでしょう。しかしその具体像は史料に乏しく、実証するのが難しいため想像するしかないのが現状です。

戦いの経緯・勝敗をめぐって

合戦の経緯や勝敗については諸説紛々であり、とくに自説といえる考えや材料は持ち合わせていません。ただ、この時の織田氏は、時折強調されるような「弱小勢力」とはいえないのではないか、という気はしています。この頃、信長はすでに尾張一国をほぼ支配下においており、すでに先代信秀の頃から三河国へ進出するほどの勢力を形成していました。その背景は、従来言われているように、津島や熱田などの流通拠点を支配していたことや、ときの尾張守護・斯波氏の権威を借りて守護の特権である段銭《たんせん》等の徴収も行っていたことが挙げられます。今川氏は確かに巨大な勢力でしたが、織田方にも、ある程度迎え撃つことが可能なほどの体力は備わっていたと思われます。とはいえ、諸記録による戦闘の経緯を信じる限りでは、信長の軍事的なセンスの卓越性は否定できないでしょう。

ひとつ不思議なのは、この戦いが五月に行われたことです。当時の常識として、農繁期である夏の時期に戦争をするというのは珍しい気がします。規模が小さい領主ほど夏場は困るので、今川方は備蓄があって比較的余裕があるがために、そういう間隙を突こうという思惑だったのでしょうか。今川方は明らかに大高城を目的地として設定しているので、突発的な戦いではないことは明白であり、にもかかわらずこれだけの規模の戦争をするというのは、やはりそれなりの特殊な意味があったのかもしれません。

それにしても、兵士はまだいいとして、動員された百姓にとっては迷惑な話です。ゆえに五月の出兵というのは、今川にとってもかなりリスクはあったと思います。戦国大名は、馬や労働力を確保する伝馬役、江戸時代でいうところの助郷役のようなものを周辺の百姓に課しました。今川の場合、そのために伝馬手形をたくさん発行して備えています。今川には、そこまでの覚悟と準備が必要であったと考えるべきでしょう。

そうして覚悟と準備をもって臨んだ結果、織田に大敗してしまう。今川はこれによって三河の統制権を失ってしまったわけで、それは大きなリスクを負った結果であるといえるかもしれません。

その後の織田信長と経済政策

いちばん重要なのは、この桶狭間の戦いの勝利によって、信長が尾張の統治権・支配権をほぼ確立した、ということです。この後、犬山城の織田信清がわずかに抵抗しますが、実質的には永禄六年に小牧山城へ本拠を移した段階で、信長の尾張の一国統治は確定しました。桶狭間の戦いでの大勝利は、最終段階にあった信長による尾張統一事業をほぼ確定させた、という意味で非常に大きかったと思います。

そして、これは織田信長に限りませんが、戦場となった地域の復興事業・市場振興策として、楽市政策が採用されるようになっていきます。信長の場合、永禄十年の美濃国制圧後の美濃加納の事例が最初ですが、戦争で荒廃した市場を復興させることで、地域経済の復興を企図したものと思われます。また、市場は百姓たちが自給できない商品を入手するための貴重な場にもなっていたことから、彼らの生活再建という意味もあったでしょう。

楽市政策自体は、現在のところ判明している事例では六角氏が最初で、畿内近国ではすでに新しい政策としてある程度流布しており、信長はそれを採用したのだと思われます。

また楽市政策の重要なポイントのひとつに、税の免除があります。美濃加納の場合、おそらく戦争で荒廃したために住民が散り散りになり、そうした人たちに帰ってきてもらうことがまず大事だったのでしょう。税の免除はそのための特典であったのだろうと考えられます。または、年貢の債務を免除する、いわゆる徳政が実施された可能性もあります。斎藤氏の時代に抱えていた何らかの負債を免除することで、安心して帰ってきてもらおうということかもしれません。新領主の信長にとっては、前の領主の債権は放棄してもとくに問題はないですから。

いずれにせよ、楽市令にはふたつパターンがあり、ひとつはのちの安土城下のように新規につくった都市での施行、もうひとつが戦後復興としての施行です。いずれも「人を集める」ということに変わりはないのですが、おかれた環境の違いから、内容は多少違ってくると思われます。

信長については「既得権益を打破した革命家」というイメージがいまだ大きいことは確かです。実際にそういう政策がなかったわけではないですが、むしろ信長の都市政策というのは、特権を保護する場合が多いのです。のちの堺の場合も、基本的には商人たちの既得権益にはほぼ手をつけず、上納金だけをもらうわけです。問題がなければ壊す必要はないわけで、信長の楽市楽座というのも、もともといた既得権者を保護して安定収入を得るという、そういう側面も踏まえておかなければならないと思います。

もうひとつの経済政策、いわゆる撰銭令についても触れておきたいと思います。信長が領国を畿内へと拡大していく過程において、京都周辺と他の領国との貨幣流通秩序の差異が問題になりました。とくに信長上洛によって兵たちが大挙して京都に入ると、流通秩序が混乱することになります。そこで信長は撰銭令を発布してその整序に乗り出しました。

その内容は彼の独断ではなく、それなりに実態を調査した形跡があり、比較的現実的な政策を目指したと思われます。しかし、米価上昇を嫌って米の貨幣使用を禁止したことは非現実的であり（小額貨幣不足を解消できなくなった）、結果的に信長の撰銭令は市場に受け入れられませんでした。

その後信長は貨幣統制に消極的となり、税制の基準を銭建て（貫高制）から米建て（石高制）へと切り替えるようにして、その安定を図りました。

このように、信長の経済政策というのは必ずしも成功を収めたわけではありません。安土城とその城下町の場合、もともとあった流通路を無理に安土へと曲げさせるといった強引な政策を実施するわけですが、結果的に安土は落城後に放棄されてしまうのですから、経済政策という観点からみると私はむしろ失敗例であると考えています。

信長の政策は、突飛で特殊であるがゆえにうまくいかないことが多かった、という側面はあると思います。撰銭令についても、非常に特殊だからこそ、実際にはほとんど守られた形跡がないわけです。革新性はおおいにあるものの、その革新性ゆえに受け入れられなかった、ということでしょうか。信長の事業がうまくいった理由はそこではなく、むしろオーソドックスなレベルの政策のほうにあるのではないかと考えています。

玉城の上空から見た関ケ原古戦場方面（岐阜県関ケ原町）

第4章 ◆———◆ 新説戦乱の日本史

戦国の戦乱二

千田嘉博

千田嘉博（せんだ・よしひろ）

1963年愛知県生まれ。奈良大学文学部文化財学科卒業。城郭考古学者。大阪大学博士（文学）。国立歴史民俗博物館助教授などを経て、現在、奈良大学文学部文化財学科教授。主な著書は『織豊系城郭の形成』（東京大学出版会）、『信長の城』（岩波新書）、『真田丸の謎』（NHK出版新書）、『城郭考古学の冒険』（幻冬舎新書）など。

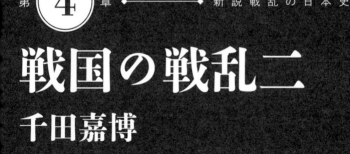

新説 9

中国大返し——御座所の発掘でわかった中国大返しの真相

奇跡の中国大返し

天正十年（一五八二）六月二日、本能寺の変で織田信長が亡くなりました。謀反したのは信長の重臣のひとり明智光秀です。このとき信長の家臣団のなかで、中国地方で毛利氏との戦いを担当していた羽柴秀吉は、毛利方の清水宗治《むねはる》が守る備中高松城を包囲中でした。高松城の水攻めとして有名です。そこに、本能寺の変の報告が届きました。光秀が毛利氏を味方につけるために放った密使が、手違いで秀吉の陣に紛れ込んで捕縛され、事態が発覚したという説もあります。

秀吉は、ただちに毛利氏と和睦を結び「中国大返し」と呼ばれる超高速の強行軍で畿内に引き返し、山崎の戦いで光秀を破ったと言われています。この勝利で秀吉は信長の後継者としての立場を固め、天下人への道を歩む転機になりました。

秀吉の勝利と栄光への道筋を開いた中国大返しは、戦国時代の奇跡とされてきました。

備中高松城攻めの陣を払って畿内を目指してからわずか四日で、秀吉は自らの拠点である姫路城に到着。ここでしばし兵を休ませて畿内の情勢を調べ、秀吉は山崎の戦いに臨みました。

高松城から姫路までは約百キロ。率いていた軍勢は、約三万と言われています。なぜこれほどの大軍を率いての高速移動が可能だったのでしょうか。「奇跡」はなぜ実現したのか。それは戦国・織豊期の大きな疑問のひとつでした。

城郭考古学の挑戦

私の専門とする「城郭考古学」は城の考古学的な調査・検討を中心に、文字史料や絵図資料も検討する学融合の方法で、城の総合的な理解を目指します。そして城から歴史を読み解くとともに、歴史を体感するかけがえのない場所として城の保護と活用を考えます。城は戦いのためだけではなく、政治や経済、文化の中心でもありました。城からわかることは多いのです。

城郭考古学の視点から中国大返しを考えるのに最初に注目したのは、兵庫県神戸市兵庫区にあった兵庫城でした。この城の存在は、もちろん文字史料から知られていました。天正九年（一五八一）に、信長の家臣・池田恒興が築城した城で、摂津国を押さえた信長の拠点のひとつでした。兵庫城は瀬戸内海運の重要な港であった兵庫津に接していて、水運をコントロールする立地でした。この兵庫津は、古く奈良時代に設けられた大輪田泊にルーツがありました。

兵庫城はのちに豊臣秀吉の直轄地となり、江戸時代には尼崎藩の陣屋がありました。明治時代には最初の兵庫県庁が兵庫城の跡地にできました。その後、この場所は市場になっていましたが、現在は大規模ショッピングセンターになっています。敷地の一角に兵庫城を記念した石垣のモニュメントがあります。

江戸時代の陣屋の頃のようすを示す絵図はありますが、戦国・織豊期の兵庫城を描いた絵図はなく、兵庫城のくわしいかたちは、長い間謎に包まれてきました。しかしショッピングセンター建設を契機とした大規模な発掘によって、考古学的に兵庫城をつかむことができたのです。この発掘の結果、兵庫城は堀を兼ねた運河で兵庫津と船で行き来できた水城だったとわかりました。今でもショッピングセンターの横には大きな運河があって、当時をイメージすることができます。

江戸時代の奉行所だった頃には、外郭や主要部を厳重に囲んだいくつかの堀を埋め立てて、町家が周囲に建ち並んだこともわかりました。そして、こうした江戸時代の遺構の下に池田氏が築城した当初の兵庫城が残っていたのです。戦国・織豊期の兵庫城は、本丸の周囲に石垣と水堀をめぐらした立派な城でした。

海に面したやわらかい地盤に石垣を積むため、兵庫城は木を基礎にした「胴木」を採用した先進的な城でした。石垣の石材は基本的に自然石を用いていて墓石などの石塔の転用石も含んでいました。こうした特徴や遺物から、兵庫城で見つけた石垣は天正期（一五七三〜九三）のものと判明しました。この時期の拠点的な平城の具体的な構造がわかったのは大きな成果でした。

ふたつ並んだ兵庫城本丸出入り口

石垣の特徴や遺物の年代観から、この城跡が池田恒興の築城によってできた兵庫城であったのは確実です。ところがあまり注目されませんでしたが、発掘ではもうひとつ重要なことが判明していました。城の本丸への出入り口を天正期のうちに大きく改修したことを見つけていたのです。神戸市教育委員会のていねいな発掘のおかげです。

詳しく観察すると、本来あった本丸の出入り口に加え、もうひとつの出入り口をつけ足していたのです。その結果、兵庫城の本丸は出入り口がふたつ並んだ姿になったのでした。その改修工事を行ったのは、先述したように築城時期からそれほど時代が下らない天正期のことでした。なぜ、わざわざふたつの出入り口を並べるように改修したのでしょうか。

私はこの改修が兵庫城を高貴な人物が宿泊する施設「御座所《ござどころ》」にするためで、兵庫城を御座所として入城するはずだった人物は、ずばり織田信長だったと考えています。もちろん織田信長は本能寺の変で亡くなったため、実際に兵庫城を「御座所」として使うことはありませんでした。しかし発掘成果が物語る兵庫城の御座所化は、幻となった織田と毛利の決戦を考える手がかりになるだけでなく、羽柴秀吉の中国大返しの秘密を読み解く鍵になる発見なのです。

信長は天正八年（一五八〇）から、信長自身が出陣して毛利軍と戦う機会をうかがっていました。また天正九年には羽柴秀吉が改めて攻めている鳥取城に、毛利輝元が主力軍を率いて援軍すれば、信長もそれに呼応して出陣し、決戦するつもりで準備を命じていました。結果としてこのとき輝元は出陣せず、信長も出陣を見送りました。

そして天正十年に秀吉はさらに西進して備中高松城を包囲しました。これに対して輝元も主力軍を率いて出陣し秀吉軍と対峙しました。信長が求めていた毛利氏との決戦機会が実現したのです。武田勝頼を滅ぼして安土城に凱旋していた信長のもとに、輝元出陣の急報が届けられると、信長は即座に出陣を決定し、かねて毛利との決戦への準備を指示していた尾張・美濃、畿内の家臣たちにも出陣の指示をしました。

畿内の武士の軍事指揮権を与えていたのは明智光秀で、畿内衆は光秀の指揮で出陣する手はずでした。そのため信長は二十〜三十人ほどの小姓衆だけを伴って、洛中の「御座所」として整えていた本能寺に入りました。そして運命の天正十年六月二日に本能寺の変が起きました。光秀の謀反がなければ信長は、光秀が率いた畿内衆を先備として先発させ、馬廻りなどの親衛隊や織田信忠が率いた尾張・美濃の軍勢が到着するのを待って、京都から大坂城へ移動したのでしょう。その先は兵庫城、明石市の船上城《ふなげじょう》、姫路市の姫路城だったと推測しています。

秀吉がつくった信長の御座所

さて、毛利輝元との決戦のために信長が親衛隊とともに、何の予定もなく野宿を重ねて備中高松城まで進軍するつもりだったとはとても考えられません。さらに信長本隊の前後には、光秀指揮下の畿内衆や信忠指揮下の尾張・美濃衆の大軍も進軍していました。信長軍の総数は数万人に達していたはずです。どの部隊も適切な宿泊・休憩・補給が必要でした。

信長の出陣に関する当時の史料には「御座所」がしばしば出てきます。これこそが信長と親衛隊のためにあらかじめ設けたエイドステーションでした。信長に快適な出陣をしてもらうために、充実した宿泊・休憩・補給ができるポイントを設けることは、信長に出陣を要請した重臣たちにとって必須の業務でした。信長に備中高松城への出陣を求めた秀吉にとっても、信長の移動経路に信長をお迎えする「御座所」を設けるのは、当然でした。

秀吉文書から、信長のための「御座所」づくりの実態を確認してみましょう。天正九年二月十三日付亀井茲矩《これのり》（新十郎）宛秀吉文書（「石見亀井家文書」国立歴史民俗博物館蔵）で秀吉は、毛利軍と戦う前線の亀井茲矩に対して「信長が御出馬なされるのをお急ぎなので、そちらの御座所の普請を日夜油断なく申しつける」とした上で「来月（三月）中旬頃に御座所ができれば、すぐに信長が出陣する」と書き送りました。この文書の「御出馬」「御座所」が信長の「御出馬」、信長の「御座所」を指したことに疑問の余地はありません。

つまり秀吉は、本能寺の変のきっかけになった天正十年の信長出陣以前にも、信長の出陣計画ごとに、入念に「御座所」を整備していたのでした。そしてこの秀吉文書が示すように、信長は自身の出陣に際して、その方面の軍事指揮権を与えた武将（この場合は秀吉）が責任をもってあらかじめ「御座所」をつくるよう求めたのです。信長の出陣計画に合わせて無理やりにでも「御座所」をつくっておかなければ、信長の出陣も行われませんでした。

秀吉が天正九年に再度攻めた鳥取城の背後の山に、太閤ヶ平《たいこうがなる》と呼ぶ秀吉軍の陣跡があります。太閤ヶ平は国史跡に指定されたきわめて大規模な陣で、山だけでなく平地の防塁と一体となって鳥取城を完全に包囲していました。壮大な砦群の中心にあったのが太閤ヶ平の本陣ですが、この本陣は戦国時代の陣の中で、異例なほどていねいなつくりでした。前後の関係から見て、秀吉は信長の「御座所」になることを考えて太閤ヶ平の本陣をつくったのだと思います。結果として信長の出陣はなかったので秀吉の陣として私たちは認識していますが、「御座所」は信長が出陣するのに不可欠な施設だったので、同様に信長のためにつくったのに信長は来なかった「御座所」は、実はたくさんあったのでしょう。

天正十年六月の備中高松城への出陣では、実際に信長が京都まで動座しました。このことから秀吉による信長のための「御座所」は、完璧に完成していたとわかります。しかも「御座所」は一カ所つくればよいのではなく、信長の一日の行軍距離ごとに整えておく必要がありました。信長が大坂城を出て最前線の備中高松城の包囲陣へ到着するまでの間に、秀吉はいくつもの「御座所」を準備したのです。

また信長出陣時の「御座所」については、天正十年に織田・徳川連合軍が甲斐の武田勝頼を滅ぼした後の信長の動座について『信長公記』が詳しく記しています（『信長公記』巻十五）。これによれば「大ヶ原」の「御座所」は滝川一益が普請し、上下数百人の御小屋も立て、全員に食事をふるまいました。

「うば口」や「もとす」ほかの「御座所」は徳川家康が普請しました。家康は街道を広げ、岩を取り除いて道を平らにし、川には舟橋を渡して信長の動座が円滑に進むよう務めました。宿泊にあたっては「結構に輝くばかり」の信長の「御座所」を立て、その周囲に二重、三重の柵を設けて守りを固め、さらにその外側の四方に諸卒の小屋を千軒あまり立て、全員に食事をふるまいました。家康は「御座所」のほかに「御茶屋」「御厩」もよきところに立てて信長一行をもてなしました。

『信長公記』が書き留めた滝川一益、徳川家康のつくった「御座所」の基本構成は、秀吉が信長の中国出陣を前に完成させた「御座所」と共通したと考えてよいでしょう（すでにある城を改修して「御座所」にしたところも多かったと思われるので、すべてが臨時施設ではありませんでした)。「御座所」は、信長が寝泊まりした豪華で防御施設を伴った御殿、信長に従う武士たちが寝泊まりしたおびただしい陣小屋、全員に食事をふるまう大規模調理施設と食料(馬を含む)・物資の集積から成り立ち、一体のものとして整備した街道で結んで機能したと判明します。

御座所としての兵庫城

文字史料から判明した信長出陣のための必須の施設「御座所」を踏まえて、兵庫城本丸のふたつの出入り口を並べた大改修を考えると、この改修が信長をお迎えする「御座所」として、ふさわしい格式を備えるために行ったことが浮かび上がってきます。なぜそんなことが言えるのか? 実は城や館の正面にふたつの門が並び立つ姿は、室町時代以来の最高の格式を表現した権威のシンボルだったからです。

室代時代の幕府や管領邸などの高位の武士の館では、館の正面に将軍などの貴人が通るための特別な門「礼門《らいもん》」と、その他の武士たちが通った通用門のふたつの門が並び立ちました。「礼門」は通常は閉めていて、高貴な方をお迎えしたり、館の主が出入りしたりするときに開きました。それが「礼門」を通れる人の権威や身分を象徴したのです。

兵庫城はもともと当時の先進的で実戦を意識した城でした。本丸の正面に複数の門を開くのは、防御上のメリットがないため、発掘でわかったように当初の本丸正面の出入り口はひとつでした。しかし「御座所」として本丸に信長をお迎えするとなると、信長も家臣と同じ出入り口を使うことになってしまい、問題が生じます。そこに堀の一部を埋めてふたつめの出入り口をつくったのでしょう。

実際に信長の安土城の山麓大手門では、主たる大手門の両脇に別の出入り口が並んで、少なくとも四つの出入り口があったとわかっています。信長は身分ごとの門の使い分けを厳格に意識していました。こうした証拠から兵庫城の改修は、信長の御座所のためだったと城郭考古学の視点から評価できます。

御座所システムの復元

先にも少しふれましたが、兵庫城からさらに西に伸びた「御座所」を推測してみましょう。兵庫城のつぎの「御座所」は明石市の船上城だと思います。現在、明石の中心は明石城の周辺ですが、明石城は大坂夏の陣以降に徳川秀忠が命じて築いた城でした。明石城以前は、明石の中心市街地から西南にある瀬戸内海にほぼ接した船上城が地域の中心地でした。船上城は、瀬戸内海にそそぐ川を堀の一部としていて、その堀に船が停泊できる舟入がありました。瀬戸内を航行する「船」を「上げられた」城だったから船上城と呼んだのでしょう。つまりこの城は海と直結していたのです。

さらに船上城のすぐ北側には山陽道が通っていました。船上城は瀬戸内海の水運と山陽道による陸運を一度に押さえ、両者が交わる結節点にあったのです。信長の本隊や前後の軍勢を受け入れ、宿泊・休憩・補給のエイドステーションとなるには、船上城の立地は最適でした。

信長の出陣にあたって、荷駄部隊が行軍に合わせて運ぶ食料や弾薬はもちろんあったでしょう。しかしすでに確認してきたように、あらかじめ信長の出陣前に「御座所」を建設していたことを考えると「御座所」は単に、信長をもてなす御殿と親衛隊などの武士たちが寝泊まりした陣小屋群といった施設があっただけでなく、食料などの必要物資を集積した施設でもあったと考えるべきです。

当然「御座所」と「御座所」の間の街道の整備、水運の便があれば水路や河岸の整備もしたでしょう。さらに何の準備もできていないのに信長一行が「御座所」に到着してしまうという事態を避けるために、信長がどこまで来たかを正確にすばやく次の「御座所」に伝える通信・伝達要員も秀吉は配置したと考えられます。

このように信長の快適で円滑な動座を実現した「御座所」の構成要件を改めてまとめてみましょう。「御座所」は（1）信長のための防御を伴う豪華な御殿、（2）親衛隊のための陣小屋群、（3）必要な人馬の食料・軍事物資の集積と大人数に食事をふるまえる調理施設、（4）「御座所」間をつなぐ街道や水路の整備、（5）信長一行の移動情報を先の「御座所」へ高速伝達する情報ネットワークという複合した「御座所システム」によって機能していました。

そしてこの「御座所システム」を信長のために構築した秀吉は、最前線の備中高松城から畿内まで、どこに「御座所」があり、どの街道をどう整備したかを熟知していたのです。

御座所システムが実現した大返し

秀吉は、信長が大満足で備中高松城の包囲陣に到着できるよう万全の準備をしていたに違いありません。実際には信長は本能寺の変で命を落としたので、秀吉が心を込めてつくった「御座所システム」を信長が使うことはありませんでした。しかし、この「御座所システム」が秀吉に奇跡を起こすことになったのです。

まず「御座所システム」の通信ネットワークがあって、もともと信長の動座を注視していたため、本能寺の変の情報を秀吉は誰よりも早く、正確に入手できました。光秀の使者が誤って秀吉の陣に密書を届けてしまったという伝説よりも、信長を迎えるために秀吉が構築した通信ネットワークが功を奏したと考える方が、リアリティがあるように思います。

さらに「御座所システム」は、秀吉の中国大返しそのものにも、大きな力を発揮しました。備中高松城を後にして、わずか四日ほどで姫路までたどり着くには、街道が整備されていることはもちろん、宿泊・休憩・補給のエイドステーションが欠かせません。突然、三万人もの大軍が武器を持って飲まず食わずで陸路を高速移動しつづけるのはとても無理でした。

しかし秀吉にはすべてが揃っていたのです。信長を迎えるために整備した街道を通って駆け抜けられました。信長のためにつくった「御座所」がゆったりとした信長本隊の行軍速度に合わせた適度な間隔で街道沿いにあったので、秀吉軍の全員が快適に宿泊・休憩できました。「御座所」には信長一行のおもてなし用に食料を集積していたので、秀吉軍の人も馬も十分な食事をとれました。「御座所システム」こそが、秀吉軍が高速で効率よく姫路まで戻ってこられた秘密の理由だったのです。

先にとりあげた兵庫城も船上城も、陸上交通だけでなく海上交通の拠点でもありました。そうしたことから中国大返しは、実は船を使ったからできたという説を提唱したい人もいるようです。しかしこの説は成り立ちません。まず秀吉軍が船を使って中国大返しをしたと記した文字史料も物質資料もひとつもありません。

中国大返しは毛利の主力軍に背を向けた退却戦でもありました。中国攻めにあたって秀吉は、多くの地元武士、国衆たちを味方につけました。しかし彼らが信長の死を知れば、なだれを打って裏切る可能性がありました。それは信長から関東をまかされた滝川一益が、本能寺の変の情報が伝わると関東の国衆に背かれ、命からがら逃げかえったのを見ても明らかです。秀吉にもその可能性がありました。高速移動「中国大返し」は、四面楚歌《しめんそか》の状況になりかねない地帯を一気に脱出するという意味でも重要だったのです。

危機的状況で、武器や武具を武士とは別に船に載せてデリバリーしたと考えるのは、よい想像とは思えません。また中国大返しに必要な大量の食料を船で運んだというのも、すでにここで記したように「御座所」には食料や物資を集積してあり、それを使って秀吉は中国大返しを実現できたので、想像の前提が適切ではありません。

城から考える歴史

秀吉の中国大返しは、長い間、奇跡と言われてきました。小説やテレビ・映画でも、ぼろぼろになった秀吉軍の武士たちが、やみくもに悪路を走るシーンを中国大返しとして描いてきました。しかしそのイメージを改めるときが来たと思います。文字の史料だけから考えていたのでは気がつかなかった「御座所システム」が、城から歴史を考えることで判明したのです。

中国大返しは奇跡ではなく、信長のために秀吉が心を込めてつくった「御座所システム」を自分自身が使うことで実現した、快適な高速移動でした。もし秀吉ではなく、北陸で戦っていた柴田勝家が信長の出陣を要請していて、北陸と畿内とを結ぶ「御座所システム」を整えていたら、勝家のもとにいち早く本能寺の変の知らせが届き、整備した街道と適地に設けたエイドステーション「御座所」を用いた勝家の「北陸大返し」によって、光秀は賤ヶ岳《しずがたけ》に敗れたのかもしれません。

そして秀吉を天下人にしたのは「御座所システム」による高速移動だったといってよいでしょう。秀吉はその後もこの方法を精緻に発展させて、賤ヶ岳の戦いで柴田勝家に勝ち、小田原攻めや奥州仕置を達成しました。しかし文禄《ぶんろく》・慶長《けいちょう》の役で朝鮮半島にまで「御座所システム」を拡大して戦おうとしたことが、豊臣政権の転機になりました。「御座所システム」を誰よりも熟知して駆使した秀吉は、その策によって滅ぶことになったのです。

新説10 関ケ原の戦い——関ケ原の地には西軍方が築いた幻の本陣があった

関ケ原の戦いをめぐる研究

慶長《けいちょう》五年（一六〇〇）に行われた関ケ原の戦いは、「天下分け目の戦い」として知られています。徳川家康が率いたいわゆる東軍と、石田三成が率いたいわゆる西軍が、美濃《みの》国の山間の盆地・関ケ原で激突しました。開戦当初は西軍の奮闘が際立ちました。しかし西軍に加わった武将のひとり、小早川秀秋《こばやかわひであき》が東軍に寝返ったのをきっかけに、東軍が西軍を圧倒してわずか一日の決戦で勝利をおさめました。家康はこの勝利によって豊臣政権内のライバルを退け、実権を握りました。そして三年後に家康は征夷大将軍となって江戸幕府を開き、豊臣政権の枠組みから離脱して幕府を中心にした新たな国づくりを進めていきました。

さて関ヶ原の戦いについては文字史料の再検討が精力的に重ねられて、多くの新事実が明らかになっています。関ヶ原の戦いの定説は大きく変わりつつあるのです。研究を深める手がかりの多くは文字史料です。しかし関ヶ原の戦いをとらえ直す難しさもそこにあります。

文字史料の多くが勝利した東軍のものだからです。西軍として戦った石田三成・大谷吉継《おおたによしつぐ》たちが処刑や自刃、流罪や改易になった結果、西軍に関わる重要な文書が失われました。勝者だけでなく敗者にも正義はあり、語るべき歴史がありました。主に勝者の史料を用いながら、敗者の思いと行動も歴史として的確に評価するのは、研究者の力の見せどころでしょう。

さらに関ヶ原の戦いについては、いくつもの軍記物が編さんされました。軍記物だけが伝えることがあり、その記述は魅力的です。ただし史実よりも物語性を重視し、勧善懲悪の構図を込めた軍記の視角にとらわれてしまうと、関ヶ原の戦いを冷静に俯瞰《ふかん》するのは難しくなります。そこで近年は過去の通説が根拠にした軍記を再検証するとともに、戦いの当事者と周辺人物が記した一次史料を徹底的に調べて全体像をとらえ直し、関ヶ原の戦いの真実を明らかにしていく努力が重ねられています。

航空レーザ測量と赤色立体地図

文字史料を中心に関ヶ原の戦いの再評価が進むなかで、現地に残る陣跡や城跡から関ヶ原の戦いを考える試みは、ほとんどされてきませんでした。しかし陣や砦、城を拠点にした戦いでは、城跡や地形などの物質資料から戦いの再評価ができます。私は二〇一八年に秋本哲治さん、安芸高田市、広島県、株式会社パスコ、制作会社ネツゲン、NHKの協力を得て、天文《てんぶん》九年（一五四〇）の尼子詮久《あまごあきひさ》と毛利元就《もうりもとなり》が戦った吉田郡山城の戦いを航空レーザ測量の成果と現地踏査から読み直す研究を行いました。

航空機からレーザを照射し、山々に茂る樹木の間を抜けて地表に当たって反射したデータを収集してさまざまな分析ができるのが航空レーザ測量の利点です。この方法で、従来の航空写真測量では樹木に阻まれてできなかった詳細な三次元地形データを取得できるだけでなく、堀や土塁、曲輪《くるわ》の平場、出入り口など城や砦・陣の三次元構造を高精度に把握できるようになりました。

どの場所に、どんなかたちで、どの程度の軍勢が駐屯し、毛利元就が籠城した吉田郡山城を尼子詮久が包囲したかを、航空レーザ測量の成果を立体情報として可視化して城や砦を的確に発見し、それらを現地踏査して確認・分析することで、詳細が不明であった吉田郡山城の戦いの実像を飛躍的に把握できました。研究成果の一部はNHK BSプレミアム『英雄たちの選択』「真相！戦国山城合戦！知将・毛利元就の決断」（初回放送二〇一八年十一月二八日）として公開しました。

こうした先行研究をしていたので、関ヶ原の戦いについても航空レーザ測量と現地踏査によって、新しい評価を深められると考えていました。そうしたなかでNHKの辻本和晃ディレクターから関ヶ原の戦いの大型番組への協力依頼を受けました。NHKがアジア航測株式会社とともに制作した航空レーザ測量データを超高精細な立体情報として解析し、NHKの青井実アナウンサーと一緒に現地を踏査して、城や陣から関ヶ原の戦いを読み直す研究を進めました。その成果はNHK BSプレミアム『決戦！関ヶ原』（初回放送二〇二〇年十二月四日）、NHK総合『歴史探偵』「関ヶ原の戦い」（初回放送二〇二一年四月十四日）になりました。

研究者がすでに上げた成果を伝えるだけでなく、文理融合の研究にもとづいて誰もが知っている関ヶ原の戦いを新たに問い直し、その成果を最先端の映像技術によってわかりやすい番組として人びとに届けられたのは、ＮＨＫだからできたことだと思います。吉田郡山城と関ヶ原の番組は、わが国の放送文化を高め、人びとのＮＨＫへの期待に応えた画期的な取り組みだったと思います。

こうしてはじまった関ヶ原の戦いを航空レーザ測量から読み直す解析も、大きな成果を上げました。関ヶ原周辺の丘や山は木々に覆われていて、航空写真の判読では樹木の下の詳細な地形も陣や城もつかめません。しかし航空レーザ測量成果を三次元の地形データとして可視化し、さらにアジア航測株式会社の千葉達朗先生が発明した赤色立体地図の方法で表示すると、高低差数十センチの細かな地形の凹凸まで判読でき、斜面の傾斜の緩急も把握できるようになりました。関ヶ原周辺の東西十五キロ、南北七キロに及ぶ広大な範囲の詳細な地形がはじめて再現され、あらゆる地形が手に取るようにつかめたのです。画期的なことです。

今、城は人気なので多くの方が中・近世の城を訪ねて歴史を体感しています。樹木に覆われて何もないと思われていた山城跡も、現地を踏査すると堀や土塁、切岸《きりぎし》（人工急斜面）や曲輪といった遺構が、人が加工した地形としてくっきりと残っていて、城のかたちや広がりを把握できます。いわゆる城跡の縄張り調査です。

城を歩きはじめた最初は、何が自然地形で、何が城として人がつくった地形（遺構）かを区別するのは難しいのですが、踏査を重ねていくと自然地形の中から城の遺構を正確に判断できるようになります。地表面観察で理解した城のかたちや構造が適切であることは、これまで各地で行われてきた城の発掘調査の成果と合わせて検証することで証明されています。

中・近世の城は遺跡になってからの月日がそれほど経っておらず、曲輪の現地表から五センチから十センチ下に当時の生活面があるのが一般的です。陣や城を訪ねて歩いているすぐ下に戦国時代や江戸時代の人びとの世界が広がっているのです。こうした陣や城の地表面観察調査は、これまで当然のことながら現地を実際に歩いて調査するしかありませんでした。

しかし超高精細の関ヶ原赤色立体地図が完成したことで、陣や城の遺構である微細な人工地形を三次元の地理空間情報として正確に把握して評価できるようになりました。近未来に日本列島の基本地図が従来の航空写真にもとづくものでなく、航空レーザ測量にもとづく地図に変われば、先に記した吉田郡山城の戦いや関ヶ原の戦いのように、全国で誰もが三次元地図から陣や城を読み解いて、歴史を考えられるようになります。城を研究するためにまずは現地ではなく、コタツに入ってミカンを食べながら三次元地形図をじっくり判読する日が来るのです。

巨大陣城「玉城」の発見

さて、それまで誰も見ていなかった関ヶ原一帯の超高精細な赤色立体地図を判読していくと、すぐに発見がありました。史跡に指定している関ヶ原古戦場・開戦地から西に二キロほどの山の山頂に、明らかに人工的に地形を改変して山城をつくった痕跡を見つけたのです。文献を調べてみると、この場所には一六〇〇年の関ヶ原の戦いから二百年以上前の室町時代に、玉城《たまじょう》という山城があったことを記していました。また岐阜県の中世城館の調査では、戦国期の遺構と評価していました。

しかし赤色立体地図で判読した山城は、本丸の長辺が二百五十六メートルにもおよんだ巨大なもので、本丸周囲には比高差二十メートルにも達した人工急斜面・切岸をめぐらして守っていました。本丸の切岸下は西・南面にかけて帯曲輪《おびぐるわ》がありました。ここは横堀としても機能したと評価できます。この帯曲輪は竪堀で区分していて、帯曲輪内の横移動を阻止していました。本丸北西下の尾根筋先端の曲輪は両脇を土塁で守って、南側につづく

赤色立体地図

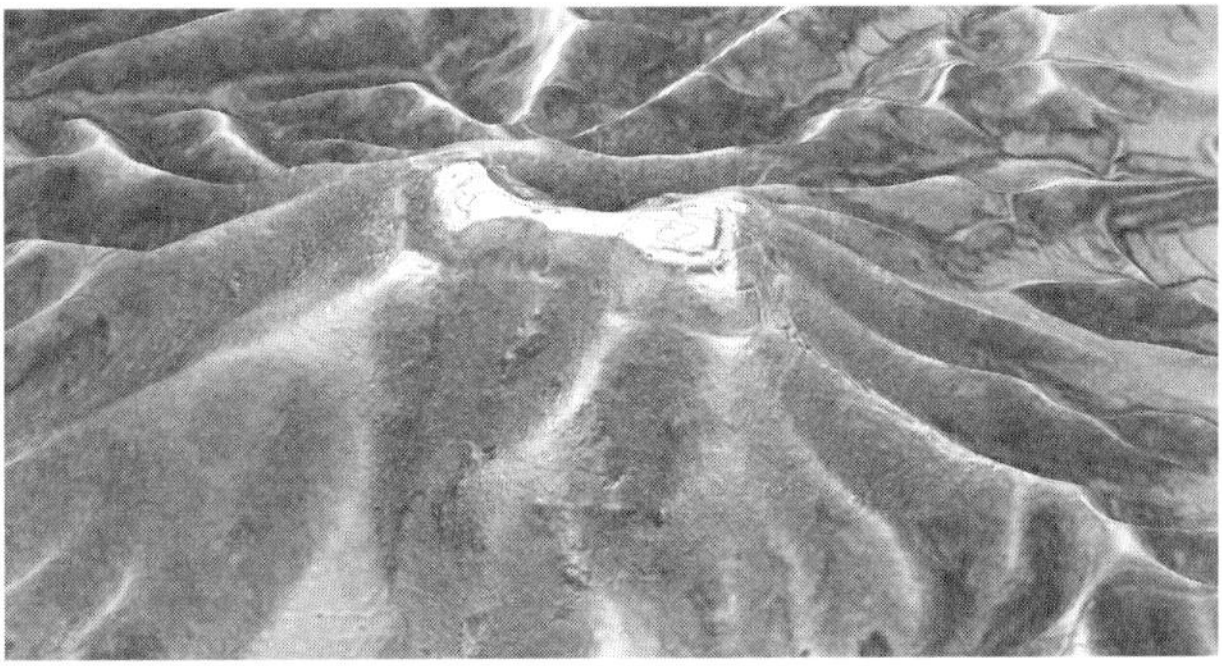

玉城周辺の赤色立体地図。岐阜県治山課作成の「航空レーザデータ」をもとに、赤色立体地図の開発者である千葉達朗氏が作成した。

提供／NHKエンタープライズ

関ヶ原合戦図屏風

「関ヶ原合戦図屏風」が描いた「史跡大谷吉継陣」（右側、第五扇）と「山中台大谷吉継陣」（左側、第六扇）。ふたつの陣が尾根筋の道でつながっている位置関係にあったのも読みとれる。

関ヶ原町歴史民俗学習館蔵

帯曲輪には竪堀と土塁を組み合わせて遮断性を強め、横矢の陣として強力な効果を上げました。土塁は上下の曲輪を結んだ通路としても利用したでしょう。

さらに本丸東側の城道を判読すると、現在は新しい道が直登して本来の城道を破壊していること、本来の城道は地形を活かして屈曲しながら玉城へつづき、帯曲輪への出入り口、一段上の曲輪への出入り口の外枡形《そとますがた》を経由して、南側に大きく回り込んで本丸に入った連続外枡形だったと判明しました。こうした連続外枡形の形態は文禄《ぶんろく》・慶長《けいちょう》期のものと比定できます。

巨大な本丸のうち、最高所である北東部は五十メートル四方に四角く整え、その南側にやはり四角く南に張り出して一段低い付属空間を伴っていました。これらの削平《さくへい》はていねいに行っていましたが、巨大な本丸の南側にいくにしたがって削平は完璧ではなく、自然地形の緩斜面を残しました。特に主郭南側の一段下がった南と西に張り出した部分の削平はあいまいで、切岸のラインは整っていますが、曲輪内は自然の状態を残しました。

玉城は巨大な本丸を中心にした単郭の構造を基本にしました。関ヶ原の戦いで用いたことが明らかな松尾山城は、一辺五十メートル規模の本丸をはじめ、周囲の曲輪を小さく区分して守りの単位をつくっていました。松尾山城のような城のつくり方が、関ヶ原周辺でも全国でも戦国の山城としては一般的でした。玉城のかたちは通常の山城としては異例だったと指摘できます。

本丸の長辺が二百メートルにもおよぶ巨大さというのも特異でした。たとえば近接した松尾山城の本丸と比べても先述したように大きく異なりましたし、徳川家康が築いた愛知県名古屋城の本丸が一辺百メートル規模だったのと比べても、玉城の本丸の異質さが際立ちます。

また曲輪面に自然地形を残すのは、陣城にしばしば見られた特徴でした。臨時に駐屯した陣城では、常設の居城と異なって曲輪内を完全に削平しなくても大きな支障がなかったからです。その一方で曲輪外縁部に高さ二十メートルに達した切岸を一貫してめぐらしていたのは、現在見る玉城の姿が徐々に改修を重ねて出来上がったのではなく、もとあった城を一気に大規模改修してできたことを示しています。さらに大手筋にあたった本丸東側の出入り口は、連続外枡形になっていました。このことは文禄・慶長期の大改修で玉城のいまの姿ができたことを指し示します。

赤色立体地図の判読をていねいに行った上で、青井実さんと一緒に玉城の踏査を実施しました。その結果、赤色立体地図で読み取った玉城の構造は現地の観察成果と完全に一致するのを確認できました。従来の縄張り図は基本的に曲輪配置などの二次元情報としては一定の精度を備えていても、高さ・低さといった三次元の情報を十分表現できないという課題がありました。

それに対して赤色立体地図からの読み取りは、きわめて高い精度をもつだけでなく、平面情報はもちろん、堀の低さや土塁の高さ、曲輪間の微妙な高低差も読み取れて、現地で実物の遺構を見ても、違和感がありません。

最終的に、現地踏査の成果もふまえて、私は玉城を関ヶ原の戦いに備えて西軍が築いた巨大な陣城だったと評価しました。いま見られる玉城の構造は陣城としての特徴をもち、地域の武士が築いた一般的な砦と考えるには規模も構造もあてはまりません。城の出入り口が示す玉城の大改修の時期はまさに一六〇〇年の関ヶ原の戦いに合致した上に、玉城のような巨大な陣城を、関ヶ原の戦い以外の契機にこの場所に築いた可能性はほかに見いだせないからです。また玉城周辺は関ヶ原の戦いのときは西軍が押さえていたので、この場所に陣城をつくったのは西軍に限定できます。

これまでに玉城を関ヶ原の戦いに位置づけて考えた研究はありませんでした。幻の巨大陣城玉城を西軍が築いていたとすると、関ヶ原の戦いをめぐる西軍の戦略を見直す必要が出てきます。これまで関ヶ原の開戦に至る経緯について、通説では次のように説明してきました。まず家康が諸大名を率いて上杉景勝《うえすぎかげかつ》を攻めるために会津に向けて出陣。家康が畿内を離れたすきを狙って、石田三成らいわゆる西軍が上方で挙兵。これを討つために引き返してきたいわゆる東軍が、三成たち西軍と激突して関ヶ原の戦いが起きました。三成たちは尾張《おわり》への進出も予定していたので、決戦場が関ヶ原になったのは偶然と考えられてきました。

ところが、この巨大な玉城が西軍の陣城だとすると、西軍はあらかじめ関ヶ原を主戦場と決め、そこに家康ら東軍を誘い込んだのではないか。そうした三成たちの知られざる戦略が浮かび上がってくるのです。

関ヶ原は周囲を山に囲まれた盆地です。ここに東軍を誘い込めば、動きを封じることができ、兵力に劣る西軍も、地の利を生かして東軍を叩けました。玉城に実際に立つと、関ヶ原盆地はもちろん、南宮山《なんぐうさん》の先の濃尾平野一帯を見わたせる優れた立地を体感できます。西軍の総大将が指揮を執るのに、この上なく適した場所なのです。この地に巨大な砦を準備したということは、石田三成や大谷吉継、宇喜多秀家《うきたひでいえ》ら西軍首脳部は、かなり早い段階から関ヶ原盆地を決戦の地とするプランを立てていたと推定されます。

CGでよみがえる玉城

玉城をめぐる研究では赤色立体地図を判読し、現地を訪ねて遺構を確認しただけでなく、最先端のコンピュータグラフィックス（CG）を駆使して、建造物を伴った関ヶ原の戦い当時の姿を復元しました。玉城本丸の四角く整えた北東部の最高所には、本陣の施設を整えていたと推測しました。本陣施設の構成は、千田も加わって凸版印刷株式会社が彩色復元した「大坂冬の陣図屏風」の徳川秀忠《ひでただ》本陣（御勝山）、徳川家康本陣（茶臼山）などを参考にしました。

巨大な陣城にふさわしい武将の本陣になるのを想定して築いたのですから、当時の整った陣の建物構成になっていたと想定すべきでしょう。軍議を開いた表の広間、この陣城に入った武将が寝泊まりした奥の寝所、広間に面して前線からの報告を受けて指示を出し、武士たちが討ち取った敵の首を確認する「首実検」をするための広場がセットになっていたと考えられます。

これだけ大きな陣城を、大垣城周辺の戦いのさなかにつくれたかを疑問に思われるかもしれません。「中国大返し」の解説で触れましたように、大将が入る本陣の全体を「御座《ござ》所《どころ》」と呼びましたが、当時は天下人や名だたる武将が陣を敷く場合、「御座所」の主要な建物を部材に分けて運び、短期間で組み立てるノウハウが確立していました。大坂冬の陣の徳川秀忠・家康などの本陣の建物も、驚くほど短期間に中井正清《なかいまさきよ》たち大工が建てたのを史料から確認できます。

本陣の周囲には、大将の親衛隊が寝泊まりした簡易建物「陣小屋」を立て並べたのが一般的で（本書、「中国大返し」を参照のこと）、玉城でも同様だったと考えられます。大量の軍事力が、玉城に結集できたのです。つまり玉城の巨大さは、この城に入る予定だった武将が率いた親衛隊の多さを示しました。城の規模は入城する武将の軍事力に合うようにつくったからです。そうすると玉城に入城を予定していた武将は、破格の直属軍を率いた武将だったとわかります。

玉城に入る武将は誰だったのか

通常の陣城では考えられないほどの本丸の大きさ、鉄壁の守り、濃尾平野まで見渡す戦略的な眺望。これらは、この城に入るべき人物が、特別な人であったことを示唆《しさ》しています。陣城としての玉城の規模は西軍の諸陣のなかで最大規模でした。万単位の軍勢を率いた武将でなければ、大きすぎて玉城を守れませんでした。

そうしたことから私は、玉城は豊臣秀頼《とよとみひでより》を迎える本陣となるようにつくったと考えています。秀頼は当時八歳の子供で、実際の指揮はとれません。しかし豊臣家の当主でありました。そもそも関ヶ原の戦いは豊臣政権の正統性を打倒しようとした戦いではなく、豊臣政権の実権を誰が握るかを争った戦いでした。

秀頼が西軍の諸陣を山麓に従えて高くそびえた本陣・玉城に入城すれば、石田三成や大谷吉継、宇喜多秀家たちの正義は疑う余地なく確定しました。もちろん官位では家康は内大臣であり、関東一円を治める二百五十万石の大大名でしたが、このとき家康は秀頼を支える豊臣政権の重臣のひとりだったのです。

豊臣家の家臣であった石田三成たちと徳川家康が、ともに豊臣家のために、秀頼のためにという正義を掲げて戦った関ヶ原で、秀頼を自陣に迎えられれば、敵の正義を打ち砕いて正統性を失わせられました。先に記したように子供の秀頼は実際の指揮をとれませんので、西軍総帥の毛利輝元《てるもと》が秀頼を推戴して玉城に着陣するというのが、三成や吉継、秀家たちが描いた戦略だったと思います。

秀頼が玉城に、かたちとしては毛利輝元を従えて圧倒的な大軍で着陣し、秀吉から受け継いだ「金のひょうたん」の馬印《うまじるし》を掲げていたらどうなったでしょう。関ヶ原のどこからでもよく見える玉城本丸に「金のひょうたん」の馬印が高く輝き、桐紋の旗が林立するなかに、おびただしい秀頼親衛隊の金の切り裂きの指物が光を反射して輝く光景が出現しました。それを目にした東軍は、足軽に至るまで一瞬で秀頼の出陣に気がついたでしょう。そして自分たちが戦う相手がもはや三成や吉継、秀家たちではなく、秀頼――豊臣政権そのもの――になった現実に驚愕したはずです。

果たして秀頼を相手にして東軍は戦いを継続することができたでしょうか。福島正則《ふくしままさのり》らは戦列を離脱した可能性が高いでしょう。家康であってもあからさまに秀頼に矢を向けて決戦におよんだかは疑問です。秀頼を玉城に迎え入れられれば、西軍の勝利は決定的になったのです。

実際に、三成や吉継、秀家たちは、秀頼や輝元の出陣を大坂城に対して求めていました。しかし文字通り総大将の秀頼を迎えて、関ヶ原の空いているところで適当に野宿してもらうというわけには絶対にいきません。「中国大返し」に先立つ信長の出陣に際して、秀吉が信長の「御座所」を最優先で整備したように、総大将の出陣要請に先立って関ヶ原・大垣城に布陣した西軍首脳部は、秀頼にふさわしい「御座所」を建設しておく必要があったのです。

これまで文字史料の上で、三成や吉継たちが秀頼出陣を求めたことは知られていても、それは実現しなかったことだからと、重要性を見落としてきたのではないでしょうか。西軍首脳部が秀頼の出陣を要請したということは、秀頼のための「御座所」を実際に建設したことを意味しました。そしてこれまで知られている関ヶ原の西軍諸陣には、秀頼の「御座所」にふさわしい陣城は、ひとつもありません。実は文字史料からわかっていたことと、実際の古戦場からわかっていたことには矛盾があったのです。

秀頼出陣要請とセットになった戦場の本陣構築を西軍首脳部は行っていたと考えるべきです。本陣である「御座所」もつくらずに総大将の出陣を求めるというのは、当時あり得ないことだったからです。なにより秀吉の身近に仕えた三成や吉継たちにとって「御座所」の建設は常識であり、まさに秀吉を迎える意識で秀頼を迎えようとしたでしょう。そう考えると、関ヶ原の戦いのときに他を圧倒する規模で、西軍諸陣の背後にあって想定戦域のすべてを見下ろした陣城・玉城は、秀頼の本陣として規模も位置もまことにふさわしいとわかります。玉城は秀頼の陣城として築いたものだったと考えて間違いありません。

西軍の必勝プラン――三成や吉継、秀家が描いた戦略

ここで、玉城の発見から見えてきた、西軍の必勝プランを検討してみましょう。決戦を前に三成や吉継たちの懇望が奏効し、秀吉以来の栄光の親衛隊・馬廻《うままわ》り衆に守られた豊臣秀頼が、毛利輝元率いる大軍とともについに玉城に入りました。秀頼を玉城に迎えたことで、西軍は秀頼の信任を受けて豊臣政権を守る正統な軍である大義名分を獲得しました。「金のひょうたん」の馬印が玉城に掲げられ、西軍の士気はいやが上にも上がります。一方の家康指揮下の東軍は秀頼の玉城着陣によって、秀頼と豊臣政権への謀反人に転落し、家康が掲げた正義も瓦解し、陣営は衝撃と動揺に包まれました。

そして西軍は、玉城のほかにも関ヶ原盆地を取り巻く山々にあった城を利用し、強力な陣地を構築していました。玉城の南東には、決戦場を側面から一望し、複雑な曲輪群によって構成した松尾山城がありました。関ヶ原の北東には、戦略拠点・菩提山城《ぼだいさんじょう》があって、盆地への入り口を北から抑えたのです。城主の竹中重門《たけなかしげかど》は当初、西軍に属して犬山城で戦っており、菩提山城も、もともとは西軍の拠点のひとつでした（のちに重門は東軍に属して、実際の関ヶ原の決戦時は東軍の武将として活動しました）。

西軍は秀頼の本陣・玉城を後方のもっとも高くて全体を俯瞰できる位置に置き、関ヶ原盆地を挟む南北に、強固な城を配置して東軍を待ち構えていたのです。史実として知られる関ヶ原の決戦でも、大垣城から急遽移動した三成や秀家たちは、笹尾山や天満山など、南北に長く布陣しました。こうした状況は関ヶ原の戦いを説明した布陣図で、みなさんも見慣れていると思います。しかしここに玉城を加えて改めて見てみると、西軍諸陣は玉城を後方の本陣としてその前面に展開したことがわかります。実は西軍の布陣は玉城の存在を意識していたと考えられるのです。

もし東軍がこの状況で関ヶ原に軍を進めていたら、西軍は秀頼の絶大な威光と正統性を背景に、三方から東軍に攻めかかったでしょう。東軍の武将には主君・秀頼に弓引くことができず、戦闘に加わらなかったり、戦線を離脱したりする部隊が続出したと思われます。徳川秀忠が決戦に間に合わなかったので、三河以来の精強な徳川家臣団の多くが関ヶ原には参陣していません。圧倒的な西軍の攻勢に、東軍の分裂と裏切りが生じて、家康自身も危ない情勢になったのではないでしょうか。

もちろん小早川秀秋の「裏切り」は起きず、関ヶ原の決戦後の秀秋は秀頼を支える重臣として、政権に重きを成していったでしょう。秀頼の玉城入城はそれほど三成や吉継、秀家たちにとって「切り札」だったのです。このプランが実現すれば、西軍は関ヶ原の決戦に勝利しました。

これまでも「もし秀頼が西軍として出馬していたら」「毛利輝元が関ヶ原に来ていたら」という「if」は語られてきました。そして玉城から見えてきたのは、史実としては敗れた三成や吉継、秀家たちが西軍必勝のプランを実際に準備していて、その勝算は十分にあったことです。大坂城の奉行衆と連携した三成たちにとって、関ヶ原に秀頼本陣の「御座所」を築いて準備を整え、「御座所」完成に合わせて毛利輝元を従えた秀頼が動座するのは、実現可能な戦略と考えたのでしょう。

関ヶ原を拠点に美濃と尾張を制圧し、三河《みかわ》をうかがう。北陸にも軍勢をさし向けて押さえ、伊勢《いせ》の平定も進める。秀頼の玉城出陣によって東軍は瓦解し、孤立した家康を追い詰めて討つという長期戦略も立てていたと思います。ところで三成たちは大垣城に進出したので、三成たちが西軍の主力軍ととらえがちですが、西軍を構成した軍勢が大垣城に集結せずに、関ヶ原に布陣したことは改めて重視すべきではないでしょうか。

三成たちは状況がよければ美濃・尾張を狙う先備えとして大垣城まで前進したのであって、西軍の拠点は関ヶ原で一貫していたと考えた方が、西軍の動きを的確に説明できると思います。確かに関ヶ原の決戦前夜に三成たちは急いで大垣城を出て関ヶ原に布陣しました。しかしこれは家康が予想より速く関ヶ原方面に進出したからでした。

そして敵が動いて攻撃を開始したのをとらえて、自軍を高速移動して電撃的に撃つというのは、秀吉が最も得意にした戦法でした。三成の脳裏には家康に追い詰められたというより、玉城の前面に布陣した軍勢と、菩提山城、松尾山城で囲んだ関ヶ原で敵に打撃を与える——家康は罠にはまったと、考えたように思います。なにより三成や秀家たちの大軍が、雨の夜間に回り道をしたのに東軍を出し抜く高速移動を行い、関ヶ原の布陣を整然と行ったのは、軍事指揮官としての三成の優秀さを見事に証明しています。

実際の関ヶ原合戦の経緯

ところが史実としての関ヶ原の戦いは、まったく違うかたちで行われました。関ヶ原の戦いの一か月前、家康はまだ江戸から動いていませんでした。決戦の時にそなえて兵力を温存し、一方で福島正則ら豊臣恩顧の武将約四万を、西軍と向き合う最前線になった尾張・清須《きよす》城に前進させました。これに対し、福島らは決して秀頼に弓を引くことはないと見越していた三成は、清須城に集結した諸将に西軍に味方するよう寝返り工作を始めました。清須城の武将たちは、池田輝政《いけだてるまさ》や山内一豊《やまうちかずとよ》など、東海道筋に所領をもつ武将たちでした。彼らが揃って西軍に加われば、東海地方の大半は戦わずして西軍のものとなり、家康は江戸城から出ることもできません。家康も万が一の事態を怖れて、安易に動けなかったのです。

実際に、三成は信濃《しなの》・上田城で戦う真田安房守《さなだあわのかみ》（昌幸《まさゆき》）と左衛門尉《さえもんのじょう》（信繁《のぶしげ》）に宛てた書状で「尾張に集まった武将で、我らに通じたいと望む者がいる」と記していました。三成による東軍の切り崩しは、成功する可能性があったのです。この段階の家康は、かなり追い詰められた状況といえるでしょう。

一方、清須城の福島正則たちは、江戸城を動かない家康への不信と不満を募らせました。西軍による伊勢平定もあって、敵中に孤立する情勢になりかねなかったからです。捨て石にされたという疑念もよぎりました。そこに家康からの使者が到着し、家康は風邪に臥せっているので出陣は遅れるとの口上を伝えました。福島らの怒りは頂点に達しました。

そこで清須城に前進していた武将のひとり黒田長政《くろだながまさ》が発言しました。内府《だいふ》（家康）は、自分たちの本心を測りかねているのではないか。敵を前にして一向に攻め込まないのは、本当に三成ら西軍と対決する意志があるのかと。

この一言が流れを大きく変えたとされます。もしそうならば、すぐにでも敵方の岐阜城を落としてみせる。そうすることで家康の疑念をはらしてみせると、福島らは決起しました。黒田の働きかけで、福島らの怒りの矛先は西軍に向かったのです。

慶長五年八月二十一日、東軍諸将は清須城を出撃して岐阜城に迫りました。このときの岐阜城主は織田信長の孫で、かつて三法師《さんぼうし》と呼ばれた織田秀信《ひでのぶ》です。秀信の率いた軍勢は六千人。福島ら東軍先備えは四万人でしたから、野戦では勝ち目はありません。ところが秀信は重臣の制止を振り切って、長良河畔に進撃して東軍を迎え撃ちました。当然、大敗して岐阜城に退却しましたが支えきれず、八月二十三日に岐阜城は落城しました。

大垣城から援軍に駆け付ける途中だった三成ら西軍は、引き上げるしかありませんでした。岐阜城を落とした東軍は、その勢いをかって西軍二万人が拠点とする大垣城にまで攻めかかりました。

岐阜城は金華山《きんかざん》と呼ぶ岩の山にあり、織田信長が居城とした名城でした。秀信の稚拙な戦いが要因とはいえ、この城が一撃で落ちたことで、西軍の諸将に動揺が走ったと思います。美濃国内にはいくつもの城があって、秀信に従っていました。しかし岐阜城が落城したとなると、国内の城の維持も難しくなり、美濃を面的に押さえるのにも支障が出ました。

岐阜落城は、西軍の戦略の大きな転換点になったのです。

西軍の陣はどこにあったのか

九月一日、東軍先備えが岐阜城を攻め落としたとの報を受けた家康は、三万人の兵を率いて江戸城を出陣。三成が籠もる大垣城を目指して西に進みました。

一方の三成たちは、関ヶ原に勢力を結集する作戦に出ます。九月初め、北陸に出陣していた大谷吉継と、伊勢に軍を展開していた毛利秀元《ひでもと》が関ヶ原に駆け付けました。こうして西軍は関ヶ原に続々と布陣したのですが、赤色立体地図を判読することで、通説とは異なる布陣のようすも見えてきました。

西軍の中枢である大谷吉継の指揮下にあったおよそ一万人の軍勢は、関ヶ原盆地の西に位置する、山中と呼ぶ尾根筋に布陣していたと考えられてきました。しかし史跡に指定されている大谷吉継の墓所になっている周辺の陣は、軽微な堀を松尾山城に向けて掘っただけの、きわめて簡易な陣地で、まるで決戦直前に布陣したかのようです。

これまで見過ごされてきましたが、実は玉城の位置は、山中と呼ぶエリア内にありました。すると吉継はそもそも玉城に入って、九月のかなり早い段階から玉城の工事を進め、秀頼の「御座所」を整えていた可能性が考えられます。そして決戦直前に玉城を出て、史跡の墓所近くの大谷吉継陣の場所に進出した可能性が出てきます。

もうひとつ、毛利秀元たちが率いた毛利軍一万五千人の陣についても、通説を覆す発見がありました。これまで毛利軍は関ヶ原の東に位置した南宮山の山頂に陣取ったと考えられてきました。確かに赤色立体地図を判読すると、山頂に二ヵ所の陣城を発見できます。ところがどちらの陣城も全長五十メートルほどのきわめて小規模なもので、一万人を超える大軍勢を収容できません。ふたつの陣城の周囲には、大軍が駐屯した削平段は認められず、赤色立体地図と現地踏査の成果からは、毛利軍は南宮山山頂に物見の小部隊を配置してはいても、軍勢のほとんどは山麓の南宮大社周辺などに布陣したと判明します。毛利軍の主力が南宮山の山頂に布陣したという通説は誤っていたのです。

毛利軍のほとんどが南宮山のふもと、北東側の裾野のあたりに布陣していたのは、戦略的に考えれば合理的です。そこは関ヶ原の東側の入り口にあたったので、東軍が関ヶ原へ進軍してくれば、即座に迎撃できたからです。もちろん裏切らなければのことですが。

さらに小早川秀秋が布陣した松尾山城でも大きな発見がありました。松尾山城は関ヶ原盆地の南に位置し、本丸からは関ヶ原を一望できます。赤色立体地図をていねいに判読した結果、城の北側、関ヶ原の盆地に向き合う側には、高さ十五メートルの切岸と土塁の防御線を張り巡らしていたとわかりました。現地踏査でもこの遺構は判読通りに観察できました。松尾山城は、関ヶ原側からの攻撃をこの防衛線で防ぐという戦いを想定していたことになります。防衛的に戦う松尾山城を整えたのは、最初にこの城に布陣した伊藤盛正《いとうもりまさ》だったでしょう。

赤色立体地図と現地調査の成果から、岐阜城陥落後の西軍の作戦を検討すると、つぎのようになります。大垣城には石田三成が布陣して東軍を牽制《けんせい》。関ヶ原の東の入り口にあたる南宮山のふもとに毛利勢、そして関ヶ原の南の松尾山城、北の菩提山城にも軍勢を配し、東軍の関ヶ原盆地への進行を阻止。さらに本陣として整備した玉城には大谷吉継が布陣して、秀頼と輝元の出馬を待つとともに、各地に展開した軍勢の集結を図る。西軍には十分に勝てる態勢がありました。

松尾山城と小早川秀秋の真相

しかし史実では西軍は負けました。まず南宮山の山麓に布陣した毛利軍が寝返っていて、東軍の進軍に抵抗しなかったことがあげられます。ただし南宮山麓の毛利軍は、西軍の主要陣地から離れていたので、もし南宮山の北を西進する東軍に夜戦をしかけても、撃破されてしまった可能性があったでしょう。いずれにしても西軍の武将たちは、南宮山麓で戦闘が起きずに、東軍が関ヶ原盆地の奥深くまで進軍したのは、決戦当日に霧が深くて索敵できなかったこともあって想定外だったと思います。

もうひとつの鍵を握ったのは、やはり松尾山城に布陣した小早川秀秋でした。秀秋は秀吉の養子にもなった人物で、宇喜多秀家とともに西軍の大将でした。一万五千人の軍勢を率いて西軍の主力部隊のひとつを構成しました。

今回、松尾山城の赤色立体地図を判読したことで、秀秋の選択を示す発見がありました。松尾山城の切岸と土塁の防衛線から出た北側の尾根上に、多数の削平段を見つけたのです。こうした痕跡は吉田郡山城の戦いに際して、毛利元就を攻めた尼子軍が駐屯した陣に認められた小屋掛けの段と同じものでした。現地踏査でも判読通りの遺構を確認できました。比較検討した結果から、この削平段群は小早川の軍勢が関ヶ原の戦いで小屋掛けをして布陣した跡と判断しました。尾根をわずかに削って、武士や足軽たちが寝泊まりした陣小屋を立てていたのです。それにしても四百年前に小早川の軍勢が臨時に駐屯した証拠を、粗放な削平段群の存在を手がかりに可視的に把握できたのは、うれしい驚きでした。

しかし不可解なのは、伊藤盛正が布陣したときに整えた松尾山城の強力な防御線を越えた城外に、わざわざ秀秋が仮設の陣地構築までして軍勢を駐屯させたことです。防御線の内側には松尾山城の曲輪が広がっていて、もっと快適・安全に軍勢が寝泊まりできました。それにもかかわらず松尾山城の防御線から突出し、関ヶ原の盆地を見下ろした城外の尾根の上に軍勢を駐屯させたメリットは、機を見てすばやく関ヶ原の盆地へ攻め降りられることでした。松尾山城は小早川軍の城外布陣によって、防御拠点から関ヶ原方面に「出撃」する攻撃拠点へと機能を変えたのです。

つまり伊藤盛正を追い出して決戦場の要に位置した松尾山城を占拠した秀秋は、松尾山城の布陣状況から見ると、東軍に寝返るのを迷っていたどころか、もう布陣したときから東軍につくのを明らかに決意していたといえます。この点は、白峰旬さんや矢部健太郎さんも文字史料にもとづく研究から指摘しておられて符合します。秀秋には黒田長政などを通じて早い段階から東軍への誘いがあり、秀吉の妻で京都新城にくらしていた北政所《きたのまんどころ》（おね・高台院）の身を案じた末の決断だったのでしょう。

大谷吉継は松尾山城をわざわざ出て城外に主力軍を布陣した小早川軍を見て、秀秋の寝返りを確信したのでしょう。『落穂集』など文字史料にもそう記したものがあります。このために吉継は玉城を出て、松尾山城に谷を隔てて対峙した尾根先端に急遽布陣して秀秋の寝返りに備えたのだと思います。史跡墓所に隣接した大谷吉継陣があまりに簡易であるのは、そうした理由があったからでした。

そう記すと、千田が都合のよい推測をしているだけと思われるかもしれません。しかしまったく別の、しかしよく知られている資料からこの評価を証明することができます。埼玉県行田市郷土博物館所蔵「関ヶ原合戦図屏風」、岐阜県関ヶ原町歴史民俗学習館所蔵「関ヶ原合戦図屏風」、彦根城博物館所蔵「関ヶ原合戦図屏風」などのよく知られた合戦図屏風に注目すべき描写があるのです。

行田市郷土博物館所蔵「関ヶ原合戦図屏風」は六曲一双で、左隻第五扇上部に「白地紺の丸三つ」旗を掲げた大谷吉継陣を描きました。この位置は史跡に指定されている墓所隣接の大谷吉継陣に合致します。そして同じ左隻第六扇の上部には、第五扇の大谷吉継陣よりもはるかに高い山の上に、ふたたび「白地紺の丸三つ」旗を掲げた陣を描きました。この屏風の描写から見て、大谷吉継陣の西にある高い山にも、もうひとつの大谷吉継陣があったと意識して描いたのがわかります。

岐阜県関ヶ原町歴史民俗学習館所蔵「関ヶ原合戦図屏風」、彦根城博物館所蔵「関ヶ原

合戦図屏風」は六曲一隻で、第五扇の上部に「紺地白餅三つ」（関ヶ原町歴史民俗学習館所蔵）あるいは「紺地白餅三つ」と「白地紺の丸三つ」（井伊家博物館所蔵）の旗を掲げた大谷吉継陣を描きました。この描写も史跡に指定されている墓所に隣接した大谷吉継陣の位置に合致します。そして第六扇の上部には第五扇の大谷吉継陣から西へ尾根筋の道を登った高い山の上に「紺地白餅三つ」旗を掲げたもうひとつの陣を描きました。「紺地白餅三つ」旗を描いているので、この高い山のもうひとつの陣も、大谷吉継の陣と理解して描いたとわかります。

そして関ヶ原町歴史民俗学習館と彦根城博物館所蔵の「関ヶ原合戦図屏風」には、第六扇上部に描いた高い山の上の陣に貼札があり、「山中台」（関ヶ原町歴史民俗学習館のものは「中山台」）と記しました。そこで第五扇の大谷吉継陣を「史跡大谷吉継陣」、第六扇の高い山の上に描いた陣を「山中台大谷吉継陣」と呼ぶことにしましょう。

つぎに両屏風が描いた「史跡大谷吉継陣」と「山中台大谷吉継陣」の陣内部のようすを詳しく観察すると、「史跡大谷吉継陣」では、本陣内に頭巾をかぶり、小袖に羽織姿で槍を手に持つ吉継が、首実検をしている姿が見えます。本陣内に建物はなく、吉継の背後には吉継が乗った輿《こし》（駕籠）があるだけです。「史跡大谷吉継陣」がきわめて簡易な陣であったと屏風は描いて、赤色立体地図や現地踏査からの成果とよく一致します。

それに対して「山中台大谷吉継陣」は、遠景のためもあって人物は見られません。しかし注目すべきは幔幕《まんまく》を張った陣の内部に板屋根の建物三棟を描いたことです。「山中台大谷吉継陣」が「史跡大谷吉継陣」と比べてはるかに本格的な陣であったと理解した描写なのです。

「関ヶ原合戦図屏風」が描いた「山中台大谷吉継陣」の板葺き屋根の建物は、屏風のなかの陣表現としても特筆すべきものでした。屏風のなかの西軍諸陣の表現では、笹尾山の石田三成陣に草葺き屋根が三棟見えますが、幔幕の外に描くので、笹尾山周辺の集落を表現した可能性があります。

この草葺き屋根の建物を陣のものではないとすると、「山中台大谷吉継陣」以外の西軍の陣はいずれも幔幕をめぐらしただけの簡易施設として表現したことになります。また石田三成陣に隣接した草葺き屋根の建物を、三成陣の施設と評価したとしても、「山中台大谷吉継陣」が備えた板葺き屋根の建物より、格式として劣った建物として草葺き屋根の建物を表現したと読みとれます。絵画表現として、「山中台大谷吉継陣」を特に重要な陣と意識して描いたのは明らかです。

もうみなさんもお気づきと思いますが、「史跡大谷吉継陣」から西へ尾根道を上り、周囲を見下ろす高い山の上に位置した「山中台大谷吉継陣」の位置は、玉城の場所に完全に一致しました。そして山中台の陣は、吉継が「史跡大谷吉継陣」に布陣する前日まで陣を置いたところと伝えられています。この伝承は小早川秀秋軍の松尾山城外の布陣を見て、吉継が「史跡大谷吉継陣」へ急遽移動したことと符合し、大谷吉継が玉城の建設に深く関わって、豊臣秀頼と毛利輝元の入城を待ったという、赤色立体地図と現地踏査からの分析とも一致します。

玉城は誰もが知っている「関ヶ原合戦図屛風」がしっかり描いていて、陣として整った別格の建物群を備えていたことも、これらの屛風に接した人は、私を含めてすでに見ていたのです。玉城は「関ヶ原合戦図屛風」が描いた「山中台」陣でした。玉城が関ヶ原の戦いのときの陣ではないと主張する人は、これからもいるかもしれません。しかし赤色立体地図と現地踏査の成果、絵画資料、文字史料からの分析結果は鮮やかに合致していますので、否定するのはとても困難だと思います。関ヶ原の戦いの常識を変えるときが来たのです。

こうした検討結果は、関ヶ原の戦いの直後に家康が出した書状に、西軍と戦った場所を家康自身が「山中」と記したことなどから、戦いの主戦場が関ヶ原ではなく山中だったとされた白峰旬さんの研究とも深く関わります。玉城＝山中台陣が関ヶ原の決戦で、具体的にどのような役割を果たしたのかは、今後の研究課題です。ただし西軍の主要な陣は、玉城の山から東に派生した尾根筋の先端にあったので、東軍に押されて退却しつつ戦ったとすれば、玉城は強固な防御施設を備えた上に、周囲を見下ろす高い山に位置したので、反撃の場として最適でした。

秀頼はなぜ出馬しなかったのか

それにしても豊臣秀頼と毛利輝元が出陣すれば、関ヶ原の戦いはまったく違ったものになったでしょう。なぜ秀頼も輝元も出陣しなかったのでしょうか。外岡慎一郎さんは、大坂城の淀殿は、西軍と東軍の争いを家臣同士の抗争と捉え、どちらが勝っても秀頼の権威には関わらないと考えたとします。まだ幼い秀頼が危険な戦場に出陣することも、淀殿にとって思いもよらないことだったのでしょう。西軍に関与しないことを最善とした淀殿の選択が、三成たちが信じた秀頼の出陣を阻みました。

輝元はどうでしょうか。光成準治さんは、大坂城に入った輝元がひそかに中国・四国・

九州で軍事行動を起こし、毛利領を拡大する動きを見せていたと指摘します。輝元にとって一番のねらいは西国を制圧し統括することと、光成さんは分析しています。つまり秀頼とともに出馬して西軍が一気に勝ってしまうより、紛争がつづいて領土拡張を進められた方が、輝元にとって都合がよかったのです。

これまで文字史料を中心に研究が重ねられてきた関ヶ原の戦いですが、城郭考古学の視点から、赤色立体地図や現地踏査、そして絵画資料などを横断的に学融合的に分析していくことで、新しい関ヶ原の戦いの理解を提示できたと思います。全国には多くの古戦場があります。関ヶ原の戦いのように分析を行えば、大きな成果をあげられると思います。

そしてここでの検討で明らかにしてきたように、関ヶ原の戦いに勝利した徳川家康や東軍の武将たちだけが正しく、優れていたのではなく、石田三成や大谷吉継、宇喜多秀家たちにも正義があり、優れた戦略があって、どこかでひとつ違えば勝利をつかむことができました。私たちの時代も勝者だけを評価しがちですが、その視点だけではいかに大切なことを見落としているかを、関ヶ原の戦いの再評価は語りかけていると思います。

日露戦争当時の二〇三高地（『日露戦争実記』より）

第 5 章 新説戦乱の日本史

近現代の戦乱一

長南政義

長南政義（ちょうなん・まさよし）

宮城県生まれ。國學院大學法学研究科博士課程後期単位取得退学。国会図書館調査及び立法考査局非常勤職員、靖國神社靖國偕行文庫などを経て、現在、戦史学者。専門は日本近代軍事史及び軍人研究。主な著書・編著は『新史料による日露戦争陸戦史』（並木書房）、『日露戦争第三軍関係史料集』（国書刊行会）、『児玉源太郎』（作品社）など。

新説 11

上野戦争——新政府軍にとって容易な戦いではなかった

新政府軍の攻撃計画とその虚実

近年、上野戦争に関する研究が続々と出されています。なかでも活発なのが戦史的な分析です。さらに、これまで注目されていなかった上野戦争における西郷隆盛の指揮・統率（リーダーシップ）に関する研究が進み、その実態が明らかになってきました。今回は、それらの論点について、従来の説とどう異なるのかを説明していきたいと思います。

上野戦争は戊辰戦争で戦われた戦闘のひとつで、慶応四年（一八六八）五月十五日に薩摩藩・長州藩・佐賀藩などで構成された新政府軍が上野の東叡山寛永寺に立て籠もる旧幕府軍（彰義隊ほか）を撃破した戦闘です。

鳥羽・伏見の戦いに敗れ、大坂城から江戸に帰還した前将軍徳川慶喜は、寛永寺大慈院で謹慎生活に入ります。余勢を駆る新政府軍は江戸を目指しますが、徳川方の軍事取扱勝海舟と新政府の東征大総督府下参謀西郷隆盛の会見によって全面戦争は回避され、江戸城の明け渡しが実現。慶喜は水戸で謹慎することとなります。

一方、朝敵とされた慶喜の冤罪を晴らさんと、旧幕臣の渋沢成一郎や天野八郎らが彰義隊を結成、慶喜の水戸退去後も徳川家の霊廟守護を理由として上野寛永寺に留まり続けます。新政府軍は大村益次郎が主張する強硬策を採用し、武力で彰義隊を排除することとなりました。これが、上野戦争の開戦までの簡単な経緯です。

では、具体的に従来の説と違う点を見ていきましょう。

通説によると、新政府の軍務官判事大村益次郎が立案した作戦計画は、北側と東側にあえて兵力を配置せず、旧幕府軍を窮地に追い込まないよう逃げ道を開放しておくというものでした。旧帝国陸軍軍人で考古学者の大山柏が書いた『戊辰役戦史』上巻に書いてある説ですが、近年これは間違いであるとの指摘がなされています。

第一に、寛永寺は上野台地の南端に位置し、その東側は険しい崖となっているうえ防御側が砦として使える子院が多い。そのため、新政府軍が東に兵力を配置しなかったのは、地形上、攻撃に不向きであったからと考えられます。

第二に、そもそも新政府軍は、長州藩を主体とする谷中口攻撃部隊の部隊機動により、旧幕府軍の退路となる北側を遮断する計画でした。少し詳しく説明してみましょう。新政

上野戦争

新政府軍
新政府軍砲兵陣地
旧幕府軍
旧幕府軍砲兵陣地
当時の寛永寺寺域
新政府軍進路
団子坂
天王寺
三崎坂
新政府軍背面攻撃隊
（長州藩、大村藩、佐土原藩など）
谷中門
徳川慶喜謹慎地
大慈院
根岸
徳川将軍墓所
根津権現
根津
清水門
寛永寺本坊
旧幕府軍本部
坂下門
寒松院
根本中堂
東照宮
水戸藩中屋敷
新政府軍砲兵
（尾張藩、岡山藩、佐土原藩、津藩、久留米藩）。四斤山砲など計13門
屏風坂門
穴稲荷門
車坂門
山王台
富山藩上屋敷
弁天島
旧幕府軍砲兵
四斤山砲2～3門
新政府軍砲兵（佐賀藩）。
アームストロング砲2門
黒門・御成門
不忍池
新黒門
高田藩中屋敷
雁鍋
三橋
熊本藩。大砲１門
湯島天神
新政府軍正面攻撃隊
（薩摩藩、鳥取藩、熊本藩）
新政府軍本営

監修／長南政義

府軍の作戦は、本郷台（側面）に配置された砲兵の支援射撃の下、西郷率いる薩摩兵を中心とする部隊が黒門口（正面）を攻撃し、長州藩を中心とする部隊が谷中口（背面）を攻撃するというものでした。西郷の書簡をみると、西郷は、黒門口の部隊と谷中口の部隊との連携を重視しています。換言すると、西郷の作戦は、谷中口攻撃隊が敵の側背に進出して北方をふさぐのにあわせて、黒門口攻撃隊が正面から攻撃を行うというものであったようです。つまり、谷中口攻撃隊が寛永寺北方の天王寺方面に進出して敵の退路を遮断すれば、東側が崖ということもあり、新政府軍は旧幕府軍の包囲殲滅が可能なのです。

このように、地形からみると、東側はそもそも攻撃に不向きなため空けざるを得ない。とすると攻めるのは必然的に南の黒門口と北西の谷中口に限られます。そして西郷は、谷中口攻撃隊が寛永寺北方の旧幕府軍の逃走路をふさぐのにあわせて攻撃しようとしていた。この二点から、新政府軍は、旧幕府軍の包囲殲滅を企図しており、敗残兵の逃走を許す意図はなかったと考えるべきでしょう。

アームストロング砲をめぐる諸説

また、アームストロング砲に関しても通説が修正されています。第一に、アームストロング砲の展開場所に関する通説です。通説では、アームストロング砲が置かれたのは本郷台の加賀藩邸と説明されていましたが、実際には富山藩邸、現在東大病院がある場所に展開していました。

第二に、司馬遼太郎の小説で有名なアームストロング砲の威力に関する通説です。ジャーナリストで政治家の末松謙澄が編纂した『防長回天史』（第六編上）には、アームストロング砲弾は命中数が少なく発射時の轟音と弾着時の爆音が敵兵の士気を喪失させた、と書かれています。つまり、命中率が悪く破壊力も少なかったという評価です。

しかし、最近刊行された武雄淳の『佐賀藩アームストロング砲』では、「（砲弾が）樹木を裂き、石塔を砕き、社堂にあたり、その破片で隊士らが斃れた」（現代語訳）という彰義隊士の回想を根拠に、一定程度の対人殺傷効果があったとの指摘がなされています。

もっとも、アームストロング砲の威力に関しては、四斤山砲に比べ破壊力が劣っていたという指摘もなされていて、専門家の間では意見が分かれているのが現状だと思います。

ただし、十数発で敵を潰走に追い込んだと小説で描かれるような、アームストロング砲の威力に対する過大評価は修正される必要があると思われます。

指揮官を悩ませる「摩擦」と「戦場の霧」

保谷徹さんは『戦争の日本史18　戊辰戦争』のなかで、「上野戦争は〝戦争〟と呼ぶにはやや一方的な掃討戦であった」と書いています。ですが、上野戦争は新政府軍の楽勝であったという、こうした従来のイメージにも修正が必要です。というのも、勝利した新政府軍側にも複数の誤算があり、困難に直面する場面もあったからです。

先述した黒門口と谷中口の連携についてですが、当時の谷中周辺というのは田圃《でんぼ》のある低湿地帯で、しかも谷中口は数日来の雨で藍染川が氾濫して地面は泥濘《でいねい》と化し、長州藩を中心とする攻撃部隊が足をとられた結果、谷中口の攻撃は停滞しました。しかも、長州藩兵はスナイドル銃と呼ばれる小銃を携帯していましたが、扱いに慣れていないため、その扱いを練習するためにいったん退却せざるを得ない、というアクシデントも発生しました。その結果、なかなか攻撃の捗《はかど》らない谷中口の様子に業を煮やした西郷は、当初の計画に反する形で黒門口に攻め込まざるを得ず、苦戦を強いられることになりました。

こうした誤算は、戦史研究で用いられる概念「摩擦」のひとつといえます。摩擦とは、作戦計画を実行するうえで発生するさまざまな障害を指します。上野戦争における新政府軍が摩擦の影響を受けたことは留意しておくべきだと考えます。

また、戦争には不確定要素がつきものですが、軍事学ではこれを「戦場の霧」といいます。特に戦争では敵兵力の把握が困難で、指揮官を悩ませます。実際、上野戦争の新政府軍も、開戦前、敵兵力の見積もりにかなり手間取りました。

当時、東征大総督有栖川宮熾仁親王に随行していた福岡藩士の太田広正によれば、新政府軍は上野の旧幕府軍を約二千六百人と推測したようです。ところが、開戦直前に上野にいた旧幕府軍は約二千人でした。さらに、攻撃開始の前日、新政府軍が翌日の攻撃を予告し、これにより多くの脱走兵が出たため、攻撃当日の旧幕府軍は千人程度に減ったとされています。

当初の新政府軍内では、攻撃には二万以上の兵力が必要、といった意見が出されています。軍事の常識では「攻者三倍の法則」といい、攻撃側は防御側の三倍の兵力が必要といわれていますが、二万の兵力が必要という意見は、明らかに相手の総兵力を誤認したことに起因する、行き過ぎた慎重論でした。

このように、「摩擦」や「戦場の霧」に直面し苦悩した新政府軍指導者にとって、上野戦争は必ずしも楽な戦争であったとはいえないのです。

激戦となった黒門口の戦いの実相

ここからは、実際に上野戦争がどういった展開で進んだのか、もう一度順を追ってみていきます。

五月十五日の早朝、新政府軍は、江戸城西丸下の大下馬前に集合し、午前六時過ぎから進軍を開始しました。既に述べたように、西郷の作戦は、薩摩藩兵を中心とした約三百人の正面攻撃隊と、長州藩兵を中心とする約四百五十人の背面攻撃隊との連携を重視したものでした。

しかし、ここで誤算が起きます。薩摩藩兵の一部が、背面攻撃隊の攻撃を待たずに、予定より早く攻撃を開始してしまい、西郷はそれを追認せざるを得なくなるのです。さらに背面攻撃隊は、先述のようにスナイドル銃の操作がわからずいったん退却したり、雨でぬかるんだ谷中口の進軍に手間取ったりという体たらくでした。その結果、黒門口は激戦となり、薩摩藩兵に多数の死傷者が出ました。

ところで、よく知られている黒門口の戦いのイメージというのは、有名な「彰義隊奮戦之図」の影響などもあり、チャンバラのような白兵戦が展開された印象が強いと思われます。しかし実際のところは、当時の関係者の談話を集めた『史談会速記録』という記録をみると、ああいうパノラマ絵のような白兵戦はなかった、としています。実際の黒門付近では、薩摩藩の戦闘報告書を集めた『薩藩出軍戦状　第一』に「無透間《すきまなく》」と形容されているような、激烈な砲撃・射撃戦が展開されました。

白兵戦は、あくまでも新政府軍が黒門を突破したあとの追撃戦の段階で発生した程度と思われ、黒門口の戦闘は「無透間《すきまなく》」弾が飛び交う銃撃戦が主体だったのです。これもこの戦争で誤解されている事柄のひとつだと思われます。

戦闘の帰趨を決した山王台制圧と西郷隆盛の決断

このとき上野には、彰義隊のほかに第八連隊という旧幕府歩兵隊がいました。第八連隊は、飛距離と命中精度が良いミニエー銃を装備し、西洋式の訓練を受けている、非常にやっかいな相手でした。これも、新政府軍が苦戦した原因のひとつです。

さらに黒門の奥に位置する山王台には、二門（三門とも）の四斤山砲がにらみを利かせていました。現在の山王台の標高は約十七・九メートルで、ビルの二階から三階ほどの高さがあり、新政府軍の攻撃方向を瞰制下《かんせい》に収めています。実際、旧幕府軍は、山王台からの銃撃や砲撃で黒門口の新政府軍を苦しめました。ちなみに、山王台や新政府軍が大砲を配置した本郷台のように、戦術的価値が高く、占拠することで敵味方の作戦行動に影響を与えるような場所を、「緊要地形」といいます。

こうして戦況は膠着《こうちゃく》状態となり、さらに正面攻撃隊の背後で火災が発生します。これは火矢が原因とも、山王台から撃たれた焼玉が原因とも言われていますが、火災の原因は特定できていません。

ともかく、黒門口の正面攻撃隊は後ろから火に攻め立てられ、前にも進めず、作戦の変更を余儀なくされます。そこで西の不忍池畔へと移動し、側面からの攻撃を企図したのです。しかしこれは、敵陣が強固であったため失敗に終わりました。

薩摩藩の指揮官の中からは、敵陣の強行突破を主張する者も出てきますが、西郷は「味方に過分な損害が出るに違いない」(現代語訳)とこれを却下し、ふたたび部隊を黒門正面へと移動させて兵力を集中し、黒門方向から一点突破をはかります。この西郷の戦術指導が後述する山王台の制圧と相俟《あいま》って結果的に功を奏することとなりました。

そして、勝敗を決定づける有名な逸話が生まれます。新政府軍の兵士(鳥取藩兵)が空腹を感じ食物を探しに料理店・雁鍋に入って二階に登ったところ、ちょうどそこが山王台を射撃できる高さだったのです。兵士たちはそこから畳を楯にして敵兵を狙撃しました。これにより新政府軍を苦しめた山王台の大砲が制圧され、鳥取藩兵と山国隊が山王台の占拠に成功、時を同じくして、西郷隆盛指揮下の正面攻撃隊も黒門の突破に成功し、戦闘の趨勢が決しました。

この雁鍋の一件は非常に偶然性の高い逸話ですが、信ぴょう性はあると考えています。そして新政府軍が寛永寺に突入し、戦闘が終結したのは午後五時でした。西郷はこの戦争を振り返り「誠に長い戦《いくさ》にて、大《おおい》に労《つか》れ申候《もうしそうろう》」と感想を述べています。

西郷隆盛の指揮とリーダーシップ

上野戦争での新政府軍の戦死傷者数は、戦死者が三十二人、負傷者が七十七人の合計百九人で、このうちの四十七人（戦死者八人、負傷者三十九人）が薩摩藩兵です。一方、旧幕府軍側の戦死者は四百五十人以上と推定されています。新政府軍の楽勝というイメージとは異なり、上野戦争は新政府軍にとっても苦しい戦いだったのです。

新政府軍の勝因はいくつか考えられますが、最大の勝因は予想外の困難に直面しながらも、それを克服し新政府軍を勝利に導いた軍事指揮官・西郷隆盛の指揮と統率（リーダーシップ）にありました。最後にその特徴を振り返ってみたいと思います。

第一に、判断の適確性です。戦闘中期に、西郷は戦力を一点集中させて黒門を攻撃させることで、黒門口突破のきっかけを作りました。

第二に、薩摩藩兵指揮官から突撃を起こすべきとの意見が出された際、「味方に過分な損害が出るに違いない」という理由でこれを却下したことからもわかるように、西郷は不必要な損害を出す無理な強硬策を嫌いました。

第三に、西郷は歩兵隊と砲兵隊の協同を重視しました。たとえば、戦闘初期、黒門口の薩摩藩兵が予定よりも早く攻撃を開始した際に、西郷は大砲を適切な時期に適当な地点に投入し、歩兵隊の支援に当たらせています。

このように、西郷の用兵思想の特徴は合理的かつ慎重な点にあったといえるでしょう。

第四に、西郷は後方支援や兵站を重視して作戦を行いました。戦場の後方には、物資輸送や弾薬補給などを担当する小荷駄方がいます。上野戦争の前後、西郷は、小荷駄方に対して、軍夫の給与支払いから、従軍看護婦への給金、大砲をけん引する馬に与える飼料に至るまで、実に細かい指示を出しています。

西郷というと、大らかで鷹揚な人柄というイメージが強いのですが、実際は非常に緻密な性格で、細かい配慮ができる人物でした。これもまた、通説とは違う点といえるかもしれません。

最後に、戦《いくさ》好きを自ら公言する西郷は、弾丸の飛び交う第一線で指揮をとることを通じて、将兵と苦楽を共にし、将兵の人心を巧みに掌握しています。戦闘の重要局面では、指揮官が第一線にいるかいないかで流れが大きく変わることがあります。あまり知られていないことですが、上野戦争での西郷は、部下から「決して先に進まないよう」（現代語訳）に忠告をうけますが、第一線で指揮をとり、戦闘中に狙撃されるも、辛うじて負傷せずにすんでいます。兵士たちは、自分の命を危険にさらして同じ位置まで出てきてくれる指揮官の命令には、喜んで従う傾向があります。そのため、第一線で部下と生死を共にする西郷の統率方法は、人心収攬《しゅうらん》の手段として非常に効果的であったと思われます。

薩摩藩出身の歴史学者で、奄美大島時代より西郷を知っている重野安繹《やすつぐ》という人物がいます。彼は西郷を評して「西郷は、度量は狭いが人と艱難辛苦《かんなんしんく》をともにするのが持ち前であった。目下の者の信用を得ることが多いので、西郷のためなら死もいとわない、という人が自然と出てくる。それが西郷にはおもしろくてたまらない」（意訳）と述べています。度量が狭い、などという表現は、西郷と対立していた時期がある重野ならではのものだと思われますが、やはり部下を愛し部下と苦労を共にする西郷には人望があり、その周囲には命をかけてでも西郷に従う、という人物が多かったのは間違いないようです。

新説 ⑫ 西南戦争——西郷軍には勝算がある挙兵だった

発掘調査が明かす戦場の実相

西南戦争とは、明治十年（一八七七）に、西郷隆盛が、旧薩摩藩を中心とする士族を率い、明治政府に対して起こした反乱です。

西南戦争に対する一般の印象というのは「最新兵器を装備した政府軍が、旧式銃を装備し、白兵戦を得意とする薩軍を打ち負かした戦争」というものだと思います。しかし、近年の発掘調査などの進展により、こうしたイメージは大きく覆されつつあります。

西南戦争の戦闘のなかでも、一般によく知られているのは「熊本城攻防戦」と「田原坂の戦い」だと思います。これについても、さまざまな角度からの研究が進んだことで戦場の実相が次第に明らかになってきました。

こうした情報のアップデートについては、発掘調査、つまり考古学的な研究の成果が非常に大きな役割を果たしています。さらに史料学的研究、そして軍事学的な研究を合わせた三つの研究手法により、従来の通説が変わってきたことを、ここで取り上げていきたいと思います。

西郷隆盛の過信と勝算

まず西南戦争の開戦の経緯について。従来のイメージでは、西郷隆盛が私学校の教え子たちに担がれて無謀な挙兵に至った、という印象が強いと思います。これについても、近年の研究では「西郷には勝算があった」という説が有力になりつつあります。これは幕末維新史の研究で知られる家近良樹先生なども書いていらっしゃいます。

その勝算とは具体的に何か。第一に、西郷は戦争が始まったときに現役の陸軍大将であったわけですが、その地位に対して西郷は過度ともいえる自負心を抱いていたようです。陸軍大将は鎮台兵を指揮する権利がある。ゆえに熊本鎮台の兵は砲火を交えることなく従う、と考えていたというのです。西郷は二月十七日に鹿児島を進発するのですが、『西南の役薩軍口供書』所収の鹿児島県令大山綱良の供述書に、西郷は「二月下旬か三月上旬までには大阪に到達できる」と言っていたと書かれています。かなり先行きを安易に考えていたことがわかります。

第二の勝算ですが、当時の熊本鎮台には樺山資紀や川上操六といった西郷に近い人物がいたため、彼らのような薩摩出身者は内通するに違いない、と西郷は確信していたようです。『丁丑擾乱記』（市来四郎）という史料には西郷の言として「熊本には樺山資紀あり、肥境〔肥後との国境〕に我軍進まば、一、二大隊の台兵〔熊本鎮台兵〕は我に帰すべし」と記録されています。

しかし西郷の挙兵は、その拠り所となる大義名分があまりにも脆弱《ぜいじゃく》でした。西郷の挙兵は、「政府へ尋問之廉有之《のかどこれあり》」、すなわち自身に対する暗殺計画を政府に問う、というのがその理由でしたが、これに樺山らを納得させるだけの正当性がなかった、ということでしょう。

こうした西郷の「誤算」が最初の躓《つまず》きとなり、薩軍敗北の戦略的要因のひとつとなった、といえるでしょう。

天守炎上の真偽は？

次に、「熊本城攻防戦」について見ていきたいと思います。西郷隆盛らが鹿児島を発ってわずか二日後の二月十九日、熊本城の天守が火災により崩壊しました。これについて「熊本鎮台による計画的自焼説」が熊本市熊本城調査研究センターなどから提起されました。計画的自焼説の根拠となるのが以下の四点です。

第一は、攻撃目標となりやすい天守を除去する必要があったこと。第二は、被熱の顕著な出土品が多い小広間周辺が火元と推測されるという点です。これらの場所は薩軍のスパイが入り込める場所ではないため、おそらく鎮台兵が火を放ったに違いない、というのです。第三は、本丸御殿の周辺の発掘調査時に、炭化米が発掘されなかったことです。第四は、熊本権令富岡敬明が東京に送った電報の第一報に「本日十一時十分、鎮台自焼セリ」とある点です。

以上四つが計画的自焼説の根拠ですが、これには以下の反論が可能です。第一の理由については、天守が攻撃目標になるならば、「三の天守」と俗称され天守に匹敵する高さのある宇土櫓をなぜ放火せずに残したのかという反論が可能です。

第二の理由については、熊本市消防局職員は出火場所を不明としています。それゆえ火災の専門家でない歴史研究者が出土品の被熱状態を根拠に火元を特定するのは困難ということです。

第三の理由についてですが、熊本城に籠城した喜多平四郎は、糧食は天守閣に貯蔵していたと書いていますが、発掘調査がなされたのは本丸御殿であるため炭化米が発掘されないのは当然です。また、熊本鎮台会計部がつけていた日記を確認すると、このときの出火によって糧食品の準備がことごとく灰燼に帰したため、会計部の士官以下が全員で熊本市内に出て、食米などを買い集めた、と書かれており、やはり糧食は火災により焼けていたようです。

第四の理由については、第一報打電直後の電報では「熊本鎮台失火、今天守焼ケタル趣ナリ。委細ハ問合セ置キタリ。分リ次第申遣《もうしつかわ》ス可《べ》シ」と出火原因が失火もしくは不明となっているという反論が可能です。そもそも、第一報の電報は天守焼失という非常に混乱した状況で出されており、第一報だけでは根拠として弱いのです。

計画的自焼説最大の問題点は、弾薬についてです。火災の際、熊本鎮台幕僚参謀副長児玉源太郎は、天守のそばにあった弾薬庫から、兵を指揮して弾薬を疎開させようとしています。そしてその作業中に天守が崩壊し、児玉は死を覚悟しますが、違う方向に崩れていったので助かった、と後に回顧しています。糧食とは異なり、弾薬は市中で買い集めることができません。弾薬焼失は防衛計画の破綻を意味します。熊本鎮台の計画的な放火であれば、なぜ熊本鎮台は、糧食と異なり現地調達困難な弾薬を、事前に安全な場所に疎開することなく、誘爆の危険にさらしたのか。これが計画的自焼説の最大にして致命的な問題点だと思います。

加藤清正の幻影——「縄張りが勝因」は本当か

また、この熊本城攻防戦をめぐる通説的なイメージとして「薩軍は加藤清正の縄張り力に負けた」という言い方がよくなされます。これについても少し誤解があるように思います。

熊本鎮台工兵第六小隊を率いた筒井義信という軍人がいました。この人は旧幕府の工兵隊の出身で、五稜郭の改修などにも関わっていました。この筒井らが中心となって、熊本城に近代的築城工事が施されました。堡籃《ほうらん》と呼ばれる木の枝や竹でできた籠に土を詰めて並べたり、土塁で胸墻《きょうしょう》（胸の高さの盛り土）を築く、といった方法で野戦築城を行ったのです。

当時の小銃弾の射程距離は約二十五メートルで、約五十センチの盛り土があれば防御が可能でした。そのため工兵第六小隊は、火力戦の時代に無力な櫓や塀を撤去して、堡籃を並べたり胸墻を築いたりしたのです。通説では、清正の縄張りが「近代戦で絶大な効果を発揮した」と指摘されていますが、実際の熊本鎮台は、清正の基本設計を活かしつつも、火力戦の時代に即した近代的築城工事を施すことで薩軍の猛攻を防いだのです。

飯田丸をめぐる攻防戦

近年の発掘調査で、飯田丸で激しい砲撃戦が展開されたことが判明しました。飯田丸は熊本城の南側の防御を担う重要拠点で、熊本鎮台はそこに四斤砲二門と臼砲一門を配備していました。そこから榴弾《りゅうだん》や榴散弾を発射して、薩軍の攻撃を撃退することに成功しています。

また、大砲の発射時に使用される摩擦管の出土状況から、砲台が飯田丸の五階櫓台、および西櫓御門のあたりに設置されていたことがわかっています。とはいうものの、櫓内部に大砲が設置されたわけではありません。飯田丸の櫓建物は西南戦争開始以前に撤去され、砲弾の着弾時に石材が飛散して兵士を傷つけないようにするため、石垣の内壁も根元の一石を残して撤去されていました。さらに、より石塁に接近した位置に大砲を設置しやすいように、城下を俯瞰する方面の石塁には内壁撤去後に斜面仕上げ（スロープ状にすること）が施されていました。そういった意味でも、近世城郭の縄張りや建造物が勝敗を決したというよりは、近代戦のための改修がなされたからこそ熊本城は高い防御力を発揮した、ということでしょう。

また、『熊本鎮台戦闘日記』という史料をみても、この飯田丸の砲台が、花岡山や安巳橋という地点に設けられた薩軍の砲台と砲撃戦を展開していることがわかります。飯田丸の発掘調査でも、四斤山砲とか20ドイム臼砲の砲弾片などが出土していますから、文献記録のみならず、発掘調査からも、飯田丸を舞台として両軍による激しい砲撃戦が展開されたことが確認されるのです。

なお、通説では、花岡山の薩軍砲台からの砲撃が熊本城内まで届かなかったと説明されていますが、四斤山砲の最大射程距離は約二千六百メートル、花岡山から熊本城天守まで約二千二百メートルなので、花岡山からの砲撃は城内に到達していたようです。

第一次総攻撃と薩軍の勝機

続いては、有名な「田原坂の戦い」についてです。

三月四日、政府軍による田原坂への攻撃が開始されます。田原坂というのは、植木台地の北側斜面に位置し、周辺は多くの谷が入り組んだ複雑な地形構造をしています。坂の長さはおよそ一・二キロ、周囲の最高所は標高百十四メートルです。

田原坂周辺の緊要地形（戦術上の価値が大きい場所）としては、豊岡、七本、二俣、吉次峠、そして田原坂や百十四高地（宮山）などがあるのですが、なかでも二俣台地を見下ろす横平山が、戦略上価値が高いとされています。

政府軍の攻撃方法としては、①二俣と横平山を奪取した後に七本方面から攻撃する（包囲）、②北平古道や田原坂から突破する、③吉次峠から薩軍本営の木留を攻撃する、④二俣台地から植木台地を攻撃する（突破）、などが考えられましたが、もっとも理想的なのは①でした。これは田原坂一帯の敵部隊の退路を遮断でき、しかも田原坂・吉次峠の防衛線を分断できるという理由なのですが、政府軍は②から④までの攻撃がすべて失敗したため、最後に①を実施して勝利しています。さまざまな攻撃方法を想定し、実際に試しながら戦闘を進めた結果、ようやく勝利したといえます。

一方の薩軍ですが、田原坂の戦い初期の頃は兵力で勝っていたのですから、防御側であっても受動に陥らず、機を見て予備隊をうまく使って機動打撃を行い、主導権を確保するべきでした。逆に言えば、それらを実行できなかったことが敗因の一つとなったのです。

では、なぜそれができなかったのか。田原坂方面に設置予定だった出張本営の指揮官候補だったのが、薩軍の指導的立場にいた篠原国幹でした。しかし田原坂の戦いが始まってすぐの三月四日、吉次峠の戦いで篠原は戦死してしまいます。つまり田原坂方面を統括するはずの出張本営が長期間未設置であり、これが当初優勢だった兵力の利をうまく使えなかった理由ではないかと推測されています。

「緊要地形」二俣台地の価値

政府軍は、第一次総攻撃には失敗したものの、二俣台地の占領には成功します。この二俣台地というのは、田原坂のある植木台地から見て、舟底と呼ばれる谷間をはさんだ標高約百メートルの台地で、だいたい植木台地と同じ高さの台地です。距離も百メートルほどしか離れていないため、薩軍陣地を側面から攻撃できる「緊要地形」でした。

政府軍はさっそく二俣台地を砲撃陣地として使用することとし、二俣瓜生田砲台、中央砲台、二俣古閑砲台の三砲台が設置され、合計八門の大砲が配備されました。三月四日に砲兵部隊がこの台地に進出して以降、田原坂が陥落するまで、ここから植木台地の薩軍に砲撃をあびせて、政府軍の歩兵突撃を支援しました。これが、政府軍側の勝因の一つとなりました。

近年の発掘調査により、二俣瓜生田砲台からは四斤山砲の砲車でできた轍《わだち》の跡が発見され、その轍の方向から、田原坂南方の中久保に砲撃したことが判明しています。実際、その中久保付近から砲弾の破片も出土しており、二俣台地の砲兵は当時の砲兵教範（マニュアル）に基づいて突撃支援射撃や薩軍砲兵に対する砲撃を行っていたことがわかるのです。

加藤清正の幻影――凹道の伝説

田原坂における戦闘の実態も発掘調査で明らかになっています。田原坂の戦いというと、加藤清正が整備した凹道で、薩軍の抜刀隊が政府軍を苦しめた、というイメージがありますが、田原坂の凹道が防御力を発揮したという通説は事実に反します。田原坂で凹道となっているのは一の坂周辺のみですが、総攻撃初日の三月四日に、二の坂付近に進出し砲塁を築造しており、田原坂の凹道が防御力を発揮した事実はないからです。

とはいうものの、凹道のイメージは全く虚構というわけでもありません。ただし、これが実際に存在したのは、「田原坂」ではなく、坂を登り切った辺りから中久保を経由して七本方面に延びる植木台地上の三池往還であったのです。

なお、凹道は、清正が熊本城の防衛目的で田原坂に整備したと言われていますが、これも誤りです。というのも、凹道は熊本県内の地方に行くとよく確認できるからです。

「田原坂」での戦闘の実態

田原坂の戦いというと、銃の性能で劣り弾薬にも乏しい薩軍が抜刀攻撃で新政府軍を苦しめたイメージがあります。ですが、発掘調査により、このイメージにも修正が迫られています。

「田原坂」では、田原熊野座神社がある百十四高地（宮山）や、二の坂、三の坂周辺で激戦が展開されました。百十四高地一帯へは、田原坂本道の他に間道が複数通じており、政府軍は、攻撃が失敗するたびに接近経路を替え、間道を利用して同高地一帯に迫ったようです。

田原坂周辺の戦い（政府軍第一次～第三次総攻撃）

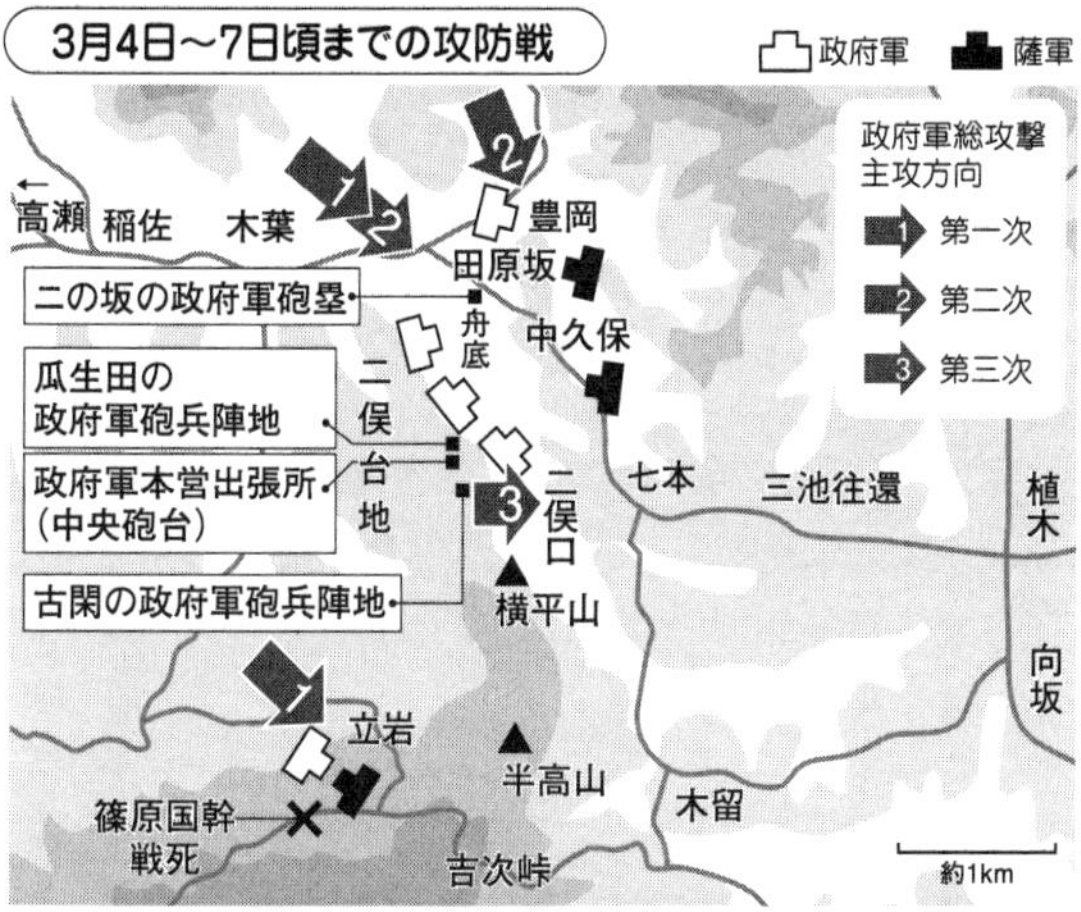

田原坂周辺の戦い（政府軍第四次～第六次総攻撃）

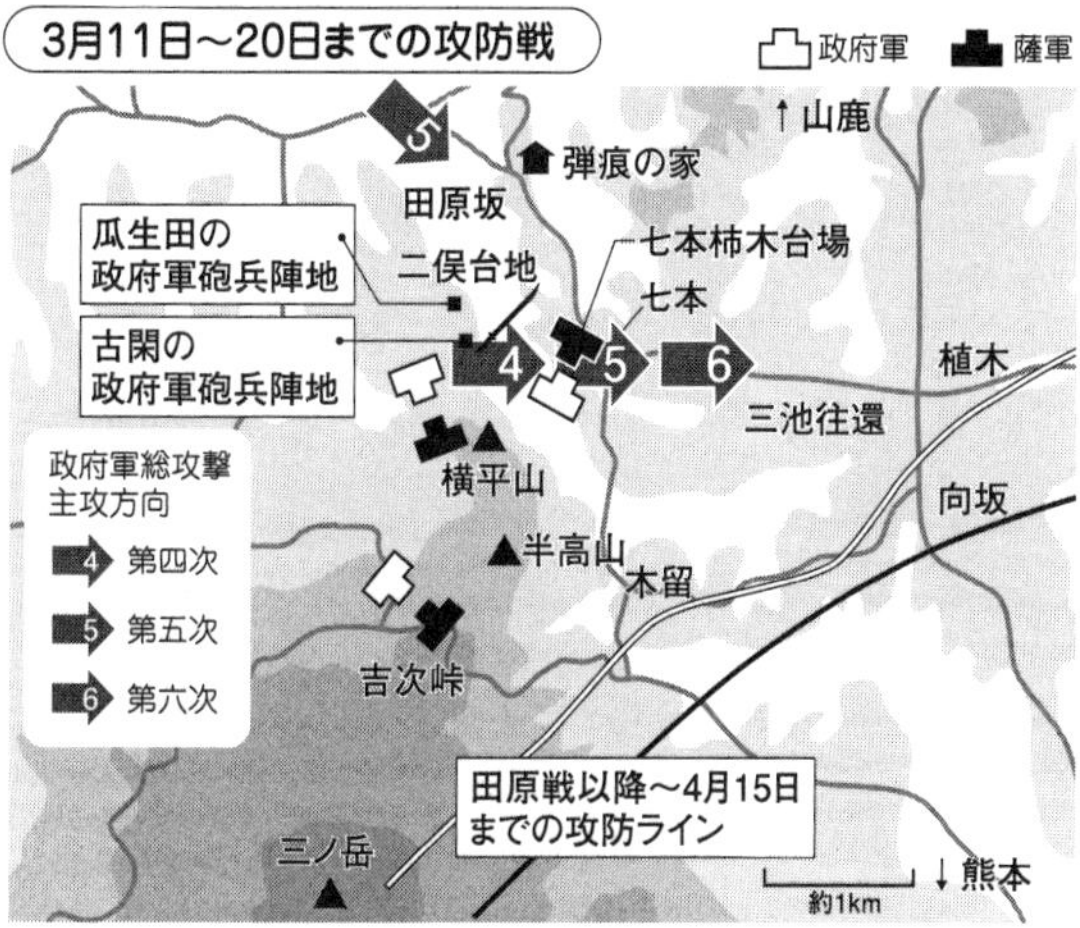

間道の天神坂を登りきったところに広がる百十四高地では、宮山争奪戦が展開されました。薩軍が田原熊野座神社南側に陣地を構え、それを政府軍が北側から攻撃したようです。両軍は約六十メートルという近距離で対峙交戦しており、両軍の中間に位置する神社境内の石塔には弾痕が現存しています。

また、二の坂上部の旧道跡周辺からは、大量のスナイドル銃弾と同薬莢《やっきょう》、エンフィールド銃弾、弾薬箱のネジが発掘されました。薬莢の位置は発火点を、銃弾は着弾点を示します。つまり、薩軍が薬莢の位置周辺にあった政府軍陣地をスナイドル銃で攻撃していたのです。また、弾薬箱のネジの存在は、政府軍が空になった箱に土砂を積めて胸壁として使用したことの証です。そして、大量のスナイドル銃弾・同薬莢の存在は、両軍がスナイドル銃主体で交戦したことを示しています。この他に横平山でも薩軍の主力銃がスナイドル銃であったことが発掘調査から判明しています。

薩軍は、田原坂の戦いに先立つ木葉の戦い（二月二十三日）で、政府軍からスナイドル銃を奪取していて、それを、二の坂・三の坂・横平山などの緊要地形の防衛に使いました。ゆえに、通説と異なり、両軍の主力銃に新旧の性能差はなかったのです。

このように、旧式のエンフィールド銃を装備し、弾薬補給に窮し、白兵攻撃にのみ依存する薩軍という通説と異なり、薩軍は二の坂や百十四高地や横平山において最新式のスナイドル銃を集中使用して活発な銃撃戦を展開していたことが、発掘調査から明らかになったのです。そして、二俣台地という要地を占領して支援砲撃を行い、後方支援態勢が貧弱な薩軍を消耗戦に引きずり込んだことが政府軍の勝利につながった、といえそうです。

新説13 日露戦争——第三軍は無謀な白兵突撃を繰り返しただけではなかった

変化する乃木希典と第三軍に対する評価

これまで日露戦争については、谷寿夫の『機密日露戦史』という史料を用いた研究が主でした。『機密日露戦史』は、第三軍司令官乃木希典に批判的な長岡外史の史料を使い旅順攻囲戦を書いています。そのため、第三軍に対する評価は非常に厳しいものになっていました。しかしその後、第三軍関係者の日記などが発見される進展があり、そうした史料を用いた研究が進み、乃木や第三軍に対する評価は大きく変化しました。

『機密日露戦史』は「谷戦史」などと通称されますが、有名な司馬遼太郎の小説『坂の上の雲』もまた、この史料に基づいて書かれています。日露戦争は、こうした史料的制約の中で描かれた物語のイメージで長く語られてきましたが、近年、そのイメージが新史料を用いた研究で覆されつつあるわけです。

最初に例を提示しておきます。まずは「旅順攻囲戦」ですが、乃木が「馬鹿の一つ覚えのような戦法で」(『坂の上の雲』)無謀な肉弾攻撃を何度も繰り返した、といった理解がされているかと思います。しかし、近年の研究で、第三軍が攻撃失敗のたびに失敗の教訓を適切に学び攻撃方法を改良していたことが明らかになってきました。

また、旅順の東北側からの攻撃ではなく、最初から二〇三高地の側(西北側)から攻めたほうがよかったのではないか、という言われ方がよくなされます。この説も誤りであることが判明しています。

その後の「奉天会戦」については、第三軍の前進速度が遅かったために満洲軍総参謀長児玉源太郎が前進を督促した、というエピソードが知られています。ですが、これはまったく逆で、会戦がはじまった初期はあまりにも第三軍の進軍速度が速いため、満洲軍総司令部や児玉が前進を止めた、というのが実情であったことがわかってきました。

このように、日露戦争については『坂の上の雲』に書かれた内容につられて、通説と思われてきたことが実際には違った、ということが多々あります。また、同作品中で描かれている乃木や児玉といった人物の事績についても、見直す余地が大いにあると思われます。今回は、そういった点を「旅順攻囲戦」と「奉天会戦」の二大戦闘を例として説明していきたいと思います。

旅順攻囲戦――第一回総攻撃失敗をめぐって

まずは「旅順攻囲戦」についてです。明治三十七年（一九〇四）五月二十九日、ロシア軍によって要塞化されていた同地を攻略するため、大本営が第三軍に課した任務は「なるべく速やかに旅順を攻略せよ」というものでした。また、海軍も「八月初旬までに」攻略してほしい、と第三軍に要請しています。つまり、かなり急《せ》かされていた、ということはまず覚えておくべきかと思います。

この時間的制約により、第三軍は強襲法を採用せざるを得なくなります。強襲法とは、大砲で砲撃したあとに歩兵が突撃するという方法です。逆に正攻法は、塹壕《ざんごう》を掘りながら前進する方法ですが、これは当然時間がかかりますから、このときの第三軍に強襲法以外の選択肢はありませんでした。

旅順攻囲戦略図（明治37年8月～38年1月）

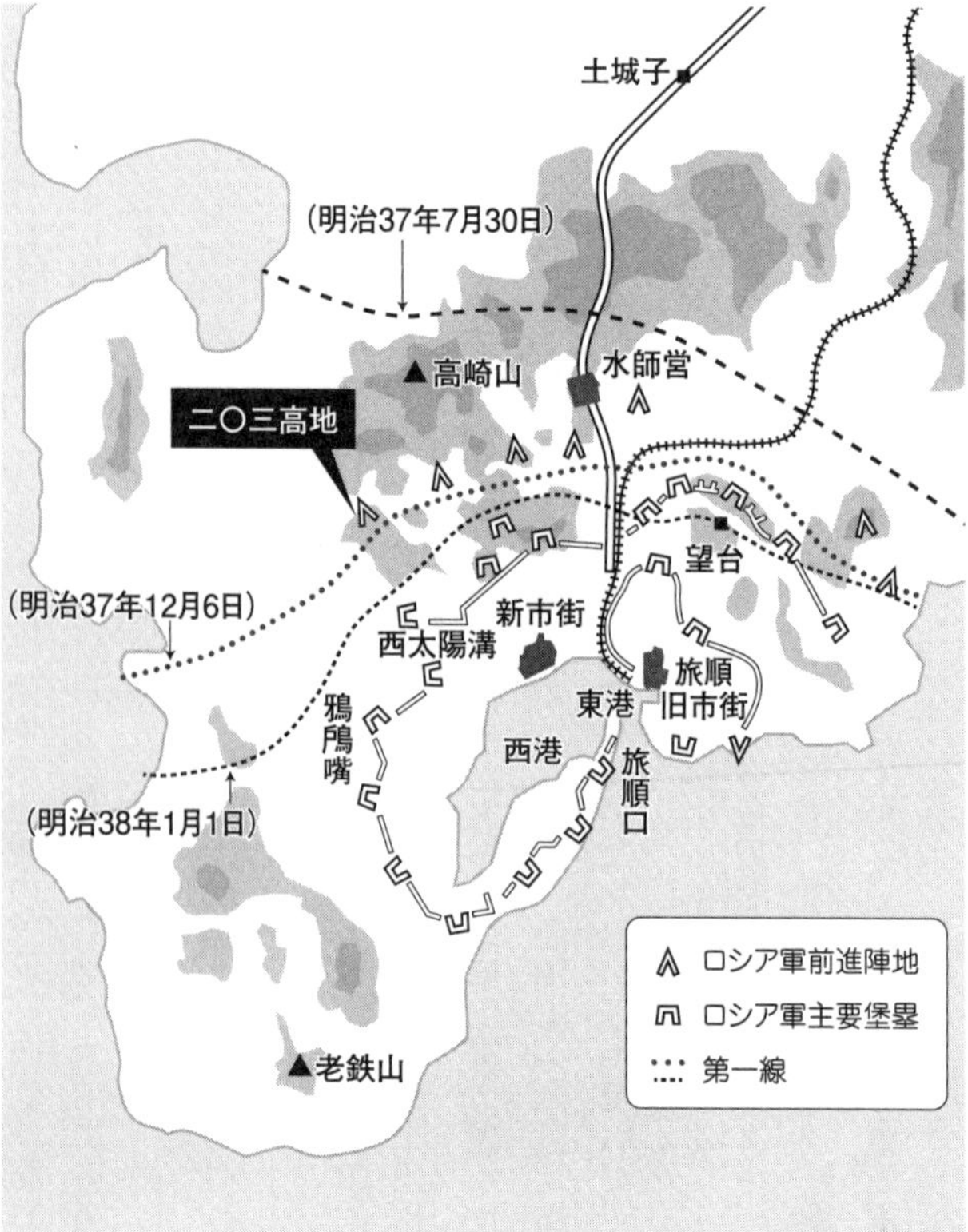

旅順要塞への総攻撃は明治37年8月19日に開始（第一回）。第三回の総攻撃は11月26日に始まり、12月5日に二〇三高地は陥落した。

当時、大本営は、旅順のロシア軍兵力を実際の三分の一程度と見積もっていました。第三軍の作戦はその低く見積もった敵兵力数に基づいて立案されていて、一万人ほどの死傷者でおそらく陥落できると考えていたようです。

そして、八月十九日から第一回目の総攻撃が開始されるのですが、このときは要塞東北部の望台《ぼうだい》と呼ばれる砲台が攻略目標でした。ここを奪取できればロシア軍の本防御線を分断できるという緊要地形であり、実際に一度奪取しています。しかしこれはすぐに奪い返されてしまいます。ここを維持できていれば、戦況は大きく変わったかもしれません。

また、敵兵力の見積もりの誤り以上の致命的な誤算もありました。旅順研究のため第三軍に渡されていた地図があり、そこには本防御線はほぼ正確に記載されていたのですが、前進陣地は記載されていませんでした。

しかも工事状況にも誤記があり、地図には、東北正面の要塞線が永久堡塁ではなく攻略容易な臨時築城と記載されていました。それゆえ、第三軍が東北正面を攻撃したのはやむを得ない理由があったと評価できるのです。

また、要塞攻略には榴弾砲や加農《カノン》砲といった重砲が必要不可欠であり、重砲や重砲弾の移動・展開には鉄道が欠かせません。重砲の迅速な展開のためにも鉄道から近い東北正面を主攻撃地点に選定する必要があったのです。

しかも、西北正面の二〇三高地は敵の本防御線を越えた先にある前進陣地であるため、同高地を占領したとしても本防御線を占領せねばならず旅順攻略まで時間がかかることになります。

これらを併せて考えると、第三軍が第一回総攻撃の主攻を東北方面に向けたのは極めて妥当であったといえるでしょう。

では、なぜ第一回総攻撃は失敗したのか。このときの投入兵力は五万七百六十五人、そのうち戦死傷者が一万五千八百六十人ですから、死傷率三十一パーセントとなり、明らかに作戦は失敗といえます。攻撃失敗の理由の一つとして、砲弾不足と大砲の種類の問題があります。

肉弾戦というイメージの第一回総攻撃ですが、通説とは異なり、第三軍は相当な数の砲弾を撃っています。記録には野砲と重砲の弾数が十一万三千五百九十五発とあります。これは一門あたり約二百九十六発であり、かなりの数が撃ち込まれていることは強調してよいと思います。

しかし、これだけ撃っても堡塁が破壊できないため結局砲弾の数が不足し、これ以上攻撃準備射撃はできない、という事態に陥ります。そのため乃木希典はやむなく歩兵突撃に移った、という経緯があります。

実は戦闘前、第三軍の参謀は、必要な弾数を一門八百発と見積もっていたようですが、これを陸軍省は四百発に減らしています。もちろん第三軍は納得できず、第三軍参謀長の伊地知幸介が陸軍省砲兵課長の山口勝と交渉しました。そして攻城戦開始までに六百発まではなんとかしますという回答を得ますが、これが履行されることはありませんでした。そのため砲弾が不足したのです。

次に砲の種類の問題ですが、第三軍が保有する重砲で最も数が多いのは十五サンチ臼砲(七十二門)でしたが、これは攻城砲としては旧式なため、堡塁を破壊することはできませんでした。新式砲である十五サンチ榴弾砲(十六門)などもあったのですが、圧倒的に数が不足していました。このため、第三軍は、開戦前の陸軍省の杜撰な兵器行政の代償を肉弾で補填せざるを得なかったのです。

第一回総攻撃失敗の理由は、歩兵と砲兵の協同が不十分であった、突撃距離が長すぎて堡塁へ到達するまでに多くの死傷者が出た、など多くの原因が重なった結果でした。しかし第三軍は、司馬が書いたような無意味な白兵突撃を繰り返したわけではなく、第一回総攻撃の失敗から学び、戦術を改良しています。

総攻撃失敗後の戦術改良

そうした戦術改良の例としては、正攻法の採用や、歩兵・工兵・砲兵の協同の密接化などがあります。まず、第一回総攻撃で暴露された地域を躍進する強襲法が無謀であることがわかるや、乃木希典は反対論を抑えて正攻法の実施を決断しました。

さらに、乃木は、第三軍参謀井上幾太郎に命じて、第一回総攻撃の教訓を活用して突撃教令（マニュアル）を起草するよう命令します。井上は総攻撃失敗の最大原因は、歩兵と砲兵が永久堡塁に対する突撃の要領を十分に会得していないことにあると分析しました。そして、突撃直前の火力発揚、歩・砲・工兵の密接な協同、築城を重視した突撃教令を完成させました。この他にも第三軍は、正攻法実施のために手榴弾や木製迫撃砲を開発しています。

十月二十六日、第二回総攻撃が開始されます。しかし第二回総攻撃も失敗に終わります。永久堡塁を攻めるには、外壕と呼ばれる深い堀を通過する必要があります。これに対し、攻撃部隊は携帯橋や梯子などの手段を駆使して外壕通過を試みますが、すべて失敗してしまったのです。

第三軍参謀の井上幾太郎は、外壕の存在と、外岸穹窖《がいがんきゅうこう》からの機関銃砲火が敗因と分析します。そして外壕通過設備を設けると共に、外岸穹窖を爆破するため坑道を掘るしかない、と結論づけました。そこで坑道作業を進め、第三回総攻撃に備えました。

存在した乃木更迭論

二度の総攻撃失敗により、軍司令部の改造論が噴出します。このとき明治天皇が「乃木を代えてはならぬ」と言った、という有名な逸話があります。ですが、これも少し誤解があるようです。

侍従の日野西資博によれば、明治天皇は「乃木も、アー殺しては、どもならぬ《どうも》」と言ったようです。ただし、侍従や女官らが集まった座談会が雑誌に掲載されたことがあり、そこには明治天皇が「よいよい、其儘《そのまま》でよい。乃木にさせろ」と言ったとあります。「乃木を代えてはならぬ」という強い意志というよりは、乃木の指揮による結果には不満があったものの、混乱を招きかねない解任には消極的に反対していた、というのが実情ではないかと思います。

児玉源太郎は二〇三高地で何をやったのか？

十一月二十六日、第三軍は第三回総攻撃を開始します。しかし、またも総攻撃は失敗に終わります。一方十月十五日には、バルチック艦隊がリバウ港を出港しており、大本営は十二月上旬までに旅順の攻略か旅順艦隊撃破を完了する必要があると考えていました。

そこで第三軍は、大本営や海軍の要請に従い、やむなく攻撃目標を二〇三高地に変更します。これは要塞を落とすためではなく、旅順港に停泊している旅順艦隊を沈めるための作戦変更でした。ただし、司馬遼太郎の小説『殉死』の影響で、この決断は児玉源太郎が下したという印象が強いかもしれませんが、実際に決断したのは乃木希典でした。

そして二〇三高地への最初の攻撃は失敗し、そこに失敗の回復を目的として児玉がやってきます。ここでの児玉の役割について、かなり低く評価している研究もあるようですが、史料を用いた研究では、やはり非常に重要であったことがわかっています。

児玉はまず、乃木と会見しています。「二〇三高地の指揮を予に委《まか》せよ」と述べる児玉に対し、乃木は涙を流しながら「残念なれども君に委《まか》せる」と言ったようです。児玉と乃木は青年将校時代からの親友同士で、その関係がここにきて生きたのです。

ここで重要なのは、児玉が、乃木の指揮権を奪うことをせずに、作戦指導に関与する承諾を得た、ということにあります。つまり、児玉は、親友乃木の権威を傷つけることを巧みに回避し、乃木の権威を損ねないような方法で実質的な意味での指揮権行使を可能にした、ということです。

児玉は、重砲隊（十二サンチ榴弾砲十五門と九サンチ臼砲十二門）を移動させ、堡塁・砲台の制圧を指示します。そして、二十八サンチ榴弾砲による一昼夜十五分ごとの二〇三高地頂上付近への砲撃を指示しました。さらに、二十〜三十人で構成された突撃隊を二〇三高地に繰り返し突入させました。児玉も肉弾戦に頼らざるを得なかった、ということです。

これらの児玉の作戦指導が適切かつ有効であったため、さらにロシア軍兵力の消耗もあり、十二月五日には二〇三高地の攻略に成功しました。これらを鑑みると、やはり児玉の業績を軽く見るのは誤っているといえるでしょう。

旅順攻略の原動力となった乃木希典と第三軍司令部の柔軟な思考力

明治三十八年（一九〇五）一月一日、旅順が開城しました。第三軍司令部は、第一回総攻撃が失敗すると正攻法を採用し、歩・砲・工兵の協同を密接にしました。また、第二回総攻撃失敗の原因が側防機関（外岸穹窖）と外壕の存在にあることに気づくや、外岸穹窖を爆破・占領すると共に外壕通過設備の完成に努めました。さらに、第三回総攻撃後には、敗因となった胸墻《きょうしょう》破壊に全力を尽くし、旅順攻略を成功させたのです。

このように旅順攻略成功の主因は、失敗から適切な戦訓を導き出し戦術を改良していった乃木をはじめとする第三軍司令部の柔軟な対応力・思考力にあったのです。

奉天会戦――満洲軍は中央突破を企図したのか？

明治三十八年の二月下旬、日露戦争の「関ヶ原」である奉天会戦が幕を開けました。ここからは「奉天会戦」に関する、通説と実際を見ていきたいと思います。

最初に作戦計画についてです。『坂の上の雲』では、満洲軍の作戦が中央突破と書かれていますが、これは最新の研究で否定されています。

具体的に見ていくと、鴨緑江軍と第一軍が敵左翼と対峙してロシア軍の注意を引きつけ、真ん中の第四軍が敵の中央突破に備える。そして第三軍の繞回《じょうかい》運動（敵の側背に向かって行う機動のこと）によって、西南もしくは西方から包囲殲滅する、というのが作戦計画であったことが明らかになっています。つまり作戦はあくまでも包囲攻撃であり、中央突破ではない、ということです。

このとき最も重要となるのが、第三軍の繞回運動です。しかしここで問題が起きます。満洲軍が兵力の配分に失敗するのです。

敵の側背に迫るためには第三軍の兵力を強化したほうが当然ながらよいため、満洲軍参謀の尾野実信などはそれを進言するのですが、これは採用されませんでした。

これには理由があり、包囲に対してロシア軍が中央突破に出る可能性があるため、それを恐れて中央の第四軍の銃数を多くした、ということです。そもそも兵力に劣っている側が包囲殲滅をやろうとしているわけですから、それもやむを得ない判断であったと思います。

そしてこのことが尾を引き、最終的に第三軍の兵力不足が原因で包囲殲滅に失敗することになるわけです。

第三軍の進撃は緩慢だったのか？

もうひとつのポイントは、『坂の上の雲』に書かれているように第三軍の進撃が緩慢だったのか、という点です。

確かに、会戦末期の第三軍は兵力の消耗が激しかったため、進撃速度は遅くなっています。しかし、会戦初期の第三軍の進撃速度は満洲軍総司令部の予測を上回る速度であったため、総司令部が進撃を控制する（引き留める）ほどでした。

満洲軍は三月一日から総攻撃に転じますが、第一軍、第二軍、第四軍による右翼から中央にかけての攻撃は、三月七日までほとんど進展をみせていません。

一方、第三軍の前進は好調で、ロシア軍主力の側背に進出することに成功します。その反面、中央から右翼にかけては前進していないわけですから、第三軍との間に間隙ができてしまう。そうするとロシア軍がその間隙を突く可能性があり、危険です。そのため満洲軍総司令部はこれを止めようとするのです。

三月二日の午前零時ごろ、児玉源太郎は第三軍の松永正敏参謀長を呼び出して交渉を開始しました。しかし松永は自分では出ず、井上幾太郎参謀に代わって電話に出るよう命じます。井上は電話が聞こえないふりをして児玉との交渉を打ち切りました。第三軍は、前進を継続しようとしたのです。

しかし同日、第三軍主力と第二軍の間が約二十キロメートルも空いてしまう事態となります。そこで三日、満洲軍が正式に前進停止命令を発しました。

しかし、この停止命令は高くつきました。このとき第三軍主力（二個師団）の正面は、ロシア軍の二個軍団（実質は二個師団程度）ほどしかいなかったといいます。しかも、二日夜から三日にかけてあわてて集結していたため混乱状態にあったらしいのです。ゆえに、もし前進を継続していれば、二個軍団を撃破してロシア軍の退路を遮断し、殲滅的な戦果を得られる可能性も期待できたわけです。ですが、この停止命令が、ロシア軍に立て直しの時間を与えてしまう結果となり、満洲軍は包囲殲滅の機会を逃がしました。

その後、三月七日、満洲軍総司令官が第三軍に対して「運動がすこぶる遅緩している、もっと迅速果敢に攻撃せよ」（意訳）と命じます。ですが、この時すでに第三軍の兵力は消耗し、包囲殲滅の戦機も去った後でした。

奉天会戦をまとめますと、作戦計画としては妥当でしたが、兵力部署に若干の問題点がありました。しかし、それにもやむを得ない側面があったのも確かです。

ただし、従来言われてきた内容とは違い、作戦初期の第三軍の進撃速度は大変速いものでした。そしてそれを満洲軍が止めたことにも妥当性はあり、それが原因で包囲殲滅に失敗したのも事実なのです。

日中戦争の処理を巡って昭和13年（1938）に開かれた第一回御前会議

第6章 ◆———◆ 新説戦乱の日本史

近現代の戦乱二

手嶋泰伸

手嶋泰伸（てしま・やすのぶ）

1983年宮城県生まれ。東北大学大学院文学研究科博士課程後期修了。博士（文学）。福井工業高等専門学校一般科目教室講師を経て、現在、龍谷大学文学部講師。専門は日本近現代史。主な著書は『昭和戦時期の海軍と政治』『海軍将校たちの太平洋戦争』（以上、吉川弘文館）、『日本海軍と政治』（講談社現代新書）など。

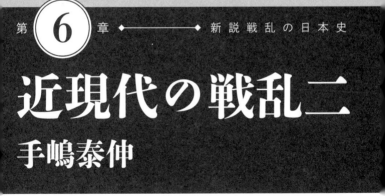

新説 14 日中戦争――なぜ全面戦争となり長期化したのか？

なぜ「愚か」な戦争は起きたのか？

これまで、近代日本の戦争をどうとらえるかという視点で、さまざまな研究が行われてきました。国際政治・国際経済の観点からの研究もありましたし、アメリカ、イギリス、中国といった、戦争相手国の国内政治から考えるというアプローチの仕方もありました。しかし、いかにして戦争を教訓化するか、今後、同じような戦争をいかにして起こさないようにするかという視点に立ったとき、やはり日本国内の政治にも注目する必要があります。戦争を起こした当事者たちの認識を分析して理解し、同じような行動をとらないという選択をすることで、戦争を抑止することができると考えられるようになってきたわけです。

これまで、日本国内の政治を研究する際、どうしても当時の指導者たちを「愚か者」としてとらえる傾向がありました。しかし、こうした認識は、そういう愚かな行為を自分たちは決してしないという前提に立った議論になってしまいます。しかし、そうした指導者たちは当時の最高の教育を受けたエリート層です。そんなエリートたちが、なぜ現代的な価値観からすると愚かな選択をしてしまったのかを考えなければ、我々もまた、同じような愚かな選択をしてしまう可能性もあるわけです。

今回、取り上げる日中戦争、そしてアジア・太平洋戦争について、かつては軍部（特に陸軍）が政治的に強大化し、日本を戦争に引きずり込んだととらえられていました。しかし、その実態に目を向けると、それほど単純な話ではないことが明らかになってきました。憲法や慣習で保障された政治・行政にかかわる各機関の権限は非常に強固であり、陸軍といえども簡単に権限は拡大できないことが注目されています。

実際には、どこか一つの機関――例えば陸軍参謀本部のような――が強大化したのではなく、元老や政党といった、政治・外交をまとめる人や機関が不在となったことで、一つ一つの機関の権限に対し、他の機関が口をはさめなくなってしまったことがわかります。そして、そうした各機関の行動を止められる人や機関が存在しないことが、日本を戦争に追いやることになったと、近年の研究では理解されています。

近年、国内政治における「権限」というものに注目して戦前の政治体制や国家の意思決定に至るシステムを説明していくという方法がとられるようになり、その観点から日中戦争やアジア・太平洋戦争の時期の政治的決定などが再検討されるようになってきたのです。

日本国内の権限をめぐる議論が全面戦争をもたらした

では、具体的に日中戦争について見ていきたいと思います。

日中戦争におけるそもその「謎」、すなわち未解明とされているのは、なぜ盧溝橋《ろこうきょう》事件以降、全面戦争化したのかということです。

日中戦争をどうとらえるかについては、十五年戦争史観という歴史のとらえ方があります。これは一九三一年に起きた満州事変から一九四五年の敗戦までの足掛け十五年を一つの戦争と捉える考え方です。近現代史の研究者の間でも、広く支持されてきましたが、現在の研究水準に照らすと、日中戦争の前と後では、やはり国家体制等に明らかな違いが存在することが実証され、当時の人々は一九三〇年代を「非常時」と認識していたことにも注目されたことで、やはり日中戦争以前と日米開戦以後のいわゆる太平洋戦争を一つの戦争ととらえる「十五年戦争」というとらえ方は、避けられる傾向にあります。ただしこの十五年戦争史観は、戦争の本質をとらえるうえでは現在でも有用であるのは確かです。

一九三〇年代半ばまで、日中間の武力衝突のほとんどは最終的に現地軍同士（もしくは関東軍と中国の地方政権との間）の協定によって局地的紛争として処理され、全面戦争には至らずに済んできました。一九三一年の満州事変は「塘沽《タンクー》協定」によって、そして一九三五年の華北分離工作は「梅津・何応欽協定」と「土肥原・秦徳純協定」によって、それぞれ停戦に持ち込まれています。ではなぜ、一九三七年の盧溝橋事件に限って、全面戦争化してしまったのか。

その解明には、日中全面戦争化することを当然と考えずに、拡大の諸段階を微細に検討する必要性があります。

なぜ早期停戦できなかったのか？

まず注目すべきは、盧溝橋事件をうけて、閣内で処理方針をめぐる対立があったことです。陸相の杉山元《はじめ》は、「五千の兵隊を救ふために早速三個師団の兵を国内からどうしても出したい。この点すべて自分に委せてもらひたい」と陸軍への一任を要求しました。一方、首相の近衛文麿は、「陸軍大臣にすべての責任を委すわけには行かん」、「進んで外交的解決を要するのだ」と、現地軍ではなく、外交ルートでの処理を目指す方針でした（原田熊雄述『西園寺公と政局』第六巻、岩波書店、一九五一年)。しかし、このとき近衛は不拡大方針を発表していましたが、中国側の挑発には断固とした措置をとろうという考えでしたので、不拡大方針を堅持していたわけではありません。そのため、一九三七年七月十一日、近衛内閣は三個師団の増派を決定し、中国側の謝罪と抗日運動の取り締まりを求める政府声明を発表します。

そして同日、現地では中国側の謝罪と抗日運動を取り締まることを条件に停戦協定が成立します。しかし、日本の交渉相手である蔣介石は、七月十七日の廬山《ろざん》談話において、日本側の挑発には断固応じるスタンスを表明しています。そのため、この前述した条件をもとにした停戦協定は現地協定としては成立可能でも、国家間協定としての成立は困難だったわけです。

結果として、近衛が陸軍を抑止しようとしたことが、かえって戦争を拡大させてしまったことになります。つまり、盧溝橋事件が現地だけで解決しなかった要因は、政府と陸軍との管掌範囲をめぐる駆け引きにあったとみるべきなのです。

なぜ華中・華南へ拡大したのか？

その後、一九三七年八月中旬、戦線が上海方面に拡大していき、戦闘地域は華中・華南へと拡大してゆきます。そこには、意外なことに海軍の存在が重要な意味を持っていました。

当時、陸軍は対ソ戦を準備していた関係で、華北地域を「縄張り」とする方針でした。一方で、伝統的に対米戦を念頭に置いて準備していた海軍は、華中・華南地域を「縄張り」とするという考えでした。

盧溝橋事件時に、海軍（海相は米内光政）は外務省とともに不拡大方針をとっていながら、第二次上海事変前後からは上海方面での戦線拡大を主導していくことになります。その理由は従来、海軍が組織利益を確保するためであったと説明されてきましたが、これも組織間の権限をめぐる意識や議論から説明できることが最近判明しました。

主たる要因は、軍令部と海軍省の態度の違いにありました。この二つはともに海軍を統括する機関ですが、軍令部は天皇に直属し、作戦・指揮を統括し、海軍省は内閣を構成して軍政や人事を統括する立場でした。

このとき、軍令部は作戦行動全般を担当するため、外交交渉がうまくいかなかった場合を想定せざるを得ませんでした。一方、海軍省は閣内での調整を担当するため、外務省の交渉を重視して、「大義名分」がない状態での武力行使に反対する立場だったのです。

八月十一日、海相の米内は軍令部総長の伏見宮博恭《ふしみのみやひろやす》にこう伝えています。

「外交交渉には絶対的信頼を措かず然れ共目下進行中にして而《しか》も先方より言ひ出せしものなり成否は予想出来ざるも之を促進せしむることは大切なり」、「今打つべき手あるに拘らず直に攻撃するは大義名分立たず」

（「〈中支出兵の決定〉（大東亜戦争海軍戦史本紀巻一）」、小林龍夫・稲葉正夫・島田俊彦・臼井勝美解説『現代史資料12　日中戦争4』、みすず書房、一九六五年）

しかし、海軍省は不拡大方針をとっていましたが、それは閣内における外務省の権限（管轄）を尊重しているからに過ぎません。「大義名分」がなければ武力行使をしないというのは、裏返してみれば、「大義名分」があれば作戦行動を主管する軍令部の意見を尊重するという意味でもあるのです。

先制攻撃の抑止

中国軍が上海方面への大規模増派をするという情報に接した海相の米内は、首相・陸相・海相・外相が集まる四相会議で兵力増派を提起します。しかし、中国軍兵力の大規模増派は追加派兵の理由とはなっても、日本側から戦端を開くほどの「大義名分」とはなりません。したがって、海軍中央は現地の第三艦隊に先制攻撃の禁止を厳命します。

八月十二日になると、軍令部総長の伏見宮は、第三艦隊司令長官の長谷川清に「敵攻撃シ来ラバ上海居留民保護ニ必要ナル地域ヲ確保スルト共ニ機ヲ失セズ敵航空兵力ヲ撃破スベシ」と告げます（前掲「〈中支出兵の決定〉」）。

この場合、「敵攻撃」の定義は曖昧です。第三艦隊は八月十三日の市街戦を「敵攻撃」と判断し、航空兵力投入を準備します。しかし、海軍中央はこの市街戦を「敵攻撃」とは認識しておらず、第三艦隊が予定通り空爆を実施していれば大混乱が生じた可能性もありました。結果として、日本側が悪天候を理由に空爆の実施を見合わせたところ、中国軍機が第三艦隊旗艦の出雲を空襲しました。ここで海相の米内は、出雲への空襲を、戦端を開くべき「大義名分」と認識します。そして、戦端が開かれれば、軍令部の主張を最大限実施できるよう閣内等で努力することになるわけです。『高松宮日記』によれば、米内は「ドンドン陸軍を出して、南京まで占領してしまふがよい」と述べたといいます。

海軍省（米内）の不拡大方針は、あくまでも外務省の権限を尊重していたからこそ生じたものであり、結果的に中国側の攻撃が先行してしまったことにより、武力行使の局面へと移行すると、海軍省（米内）は軍令部（そして第三艦隊）の職掌を尊重して行動、戦線拡大を海軍が主導するようになったわけです。

なぜ和平交渉を打ち切ったのか？

一九三七年十月になると、ドイツが日中の和平交渉を仲介する意向を示します。駐中ドイツ大使トラウトマンによる和平交渉で、「トラウトマン工作」として知られています。これに対し、外相の広田弘毅《こうき》は駐日ドイツ大使ディルクセンに和平条件を示しました。ところが、同年十二月に日本軍が南京を占領します。この「成果」をうけて、日本側はさらに日本に有利になるよう、和平条件を吊り上げました。そのため、翌一九三八年一月十六日、「爾後国民政府ヲ対手トセス」という内容の近衛声明が出され、日中両国が和平条件を論じた唯一の交渉は打ち切られてしまいました。

この交渉打ち切りについても、その過程に海軍（特に米内）の影響がみられること、そして国家首脳部間での権限関係の明確化が要因であることが最近、判明しています。一九三八年一月十五日、大本営政府連絡会議が開かれます。ここで参謀本部は、早期の和平を主張します。もちろん、対ソ戦準備のためです。ところが外相の広田は次のように述べて交渉の打ち切りを主張します。

「永き外交官生活の経験に照し、支那側の応酬振りは和平解決の誠意なきこと明瞭なり。参謀次長は外務大臣を信用せざるか」

堀場一雄『支那事変戦争指導史』（原書房、一九七三年）

ここで、広田は職業外交官の経験と外交分野における専門性を強調しています。これをうけ、海相の米内は主管大臣（広田）を尊重する発言で参謀本部の意見を封じました。大本営陸軍参謀部第二課「機密作戦日誌」に次のように記録されています。

「輔弼《ほひつ》ノ責ニ在ル外相ガ最早脈ナシトイフノニ統帥部ガ脈アリト曰ハレルノハ何故カ」

（近代外交史研究会編『変動期の日本外交と軍事―史料と検討―』、原書房、一九八七年）

ここで明らかになったのは、広田や米内をはじめとする当事者は、「合理的」な議論や判断を積み重ねているつもりでありながら、そこで議論されているのが官僚的合理性（管掌範囲／手続き）でしかなかったという事実です。

「どこが決定するのか」「誰が管轄するのか」に議論が集中してしまい、結果として早期和平の道が断たれ、日本は泥沼にはまり込んでいってしまったわけです。

○日中戦争は「陰謀」だったのか？

日中戦争が軍部の陰謀であるという歴史観は、根強く存在します。初めから戦争目的で仕掛けた陰謀だったとする見方です。

発端となった盧溝橋事件が陸軍の陰謀ではなかったことは、早くから実証されています。ところが、戦線の華中・華南地域への拡大と長期化が、海軍の陰謀であるのかどうかは見解が分かれ、長く決着がついていませんでした。

また、陰謀論ほど極端な主張でなくとも、海軍が効果の少ない作戦を実施して多額の臨時軍事費を獲得し、対米戦備を充実させていたことは事実なので、海軍の重慶爆撃などの空爆作戦は、「組織利益追求の行為」とみなされ、批判されています。

すでにみたように、日中戦争の拡大過程において、戦線の拡大と長期化が日本国内の権限関係をめぐって生じていたことがわかってきました。そうなると、そうした官僚的な思考様式から陰謀論を再検討することも可能になってきました。

ちなみに、一九三〇年代の戦争をめぐっては、これまで「事実をどう評価するか」が重視されてきましたが、近年は当事者たちの主観や内在的な合理性（本人が合理的だと判断した理由）を明らかにすることがトレンドになってきています。そのうえで、そうした主観や内在的な合理性を客観的に評価する段階に来ています。

海軍にとっての日中戦争

主観や内在的合理性を分析してみると、海軍にとって日中戦争の長期化が望ましかったわけでは決してないということが理解できます。

海軍は日中戦争の初期において、アメリカとの通商関係を維持しようとしていたことが、つい最近、解明されました。日中戦争が長期化すれば、対米戦備への悪影響は必至です。

さらに、長期化によって陸軍のプレゼンスが増大し、中国大陸沿岸への艦隊派遣の必要性が生じ、対米戦用の演習も困難にしてしまうのです。

第一次日独伊三国同盟交渉（防共協定強化交渉）において、海軍中堅層が同盟に積極的であったのは、日中戦争早期解決のためだという見解も出されています。

このように、戦争の拡大と長期化が海軍の陰謀だったとする陰謀論の主張は成立しにくく、主観や内在的合理性の分析が有効であることが証明されたといえます。

なぜ重慶爆撃が実行されたのか？

日中戦争において行われた重慶爆撃は、客観的に評価すれば戦争犯罪であることは間違いありません。では、そもそも海軍はなぜこうした行為に出たのでしょうか。

一つには、当時は日本だけでなく、世界的にも「軍事目標」の定義が曖昧であり、無差別の空爆になりやすかったという「事情」が挙げられます。

それに加えて、当時は空爆のもたらす効果について十分な理解がなく、海軍内に航空作戦への過度の期待が存在したことも指摘できます。

一九四〇年八月七日、支那方面艦隊参謀長の井上成美《しげよし》は次のように発言しています。

「われわれは海軍航空隊による重慶を初めとする中国奥地戦略要点の攻撃に重点を置いており、その成否は、当面する支那事変解決の鍵であると確信している。この作戦は、日露戦争における日本海海戦にも匹敵するものであるとの認識のもとに、全力投球している」

（井上成美伝記刊行会『井上成美』、同刊、一九八二年）

臨時軍事費による航空戦備の充実は、それ自体が目的であったわけではありません。先に航空兵力を重用しなければならない状況が生まれたため、あとから付随的に追求されたものとみたほうがよいと考えられます。

もちろん、結果的にそれをどう評価・批判するのかというのは、また別の問題です。ここでも評価や批判が先に立ち、当時の軍人・官僚・政治家を愚かな存在として認識し、なぜエリートである彼らがそうした愚かしい行為をしたのかという主観や内在的合理性を分析しなければ、我々も知らず知らずのうちに同じ過ちを繰り返しかねないということは、強く指摘しておきたいと思います。

新説 15 アジア・太平洋戦争——無条件降伏にはなぜ二度の「聖断」が必要だったのか？

戦局の転換点

アジア・太平洋戦争をめぐっては、いくつもの論点があり、近年の研究で注目されるテーマ、新たな発見をもとにした「新説」も生まれてきています。

ここでは、「戦局の転換点がどこにあったか」と、「なぜ日本は無条件降伏したのか」の二つに絞って、お話ししたいと思います。

一般的には、ミッドウェー海戦における敗北が、その「転換点」だったと認識されています。それまでほぼ連戦連勝だった日本が、この戦いで主力空母四隻を失い大敗したことから、戦争全体の転換点であるかのように語られることが多かったわけです。

一方で、研究者の間では、日米間の国力の違いや日本のシーレーンの軽視といったことにも注目が集まっていました。シーレーンとは、有事において確保するべき海上交通路のことです。こうした観点からすると、実は戦争全体の転換点、つまり敗北への道が決定的となったのは、一九四二年八月から翌四三年二月まで続いたガダルカナル島攻防戦だったと見るのが、研究者の間では共通認識となっています。

局地的な戦闘の勝敗や被害の大きさにのみとらわれると、あたかもミッドウェー海戦が転換点と見えてしまうのですが、実際には、ミッドウェー海戦ではアメリカ側の軍艦の喪失も大きく、この戦いの後も戦局は一進一退を繰り返していました。

ガダルカナル島での決定的な敗北

一九四二年八月八日、アメリカがガダルカナル島の飛行場を占領します。こうなると、この飛行場からアメリカ空軍によるトラック島への攻撃、空爆が行われる可能性が出てきます。トラック島は当時、中部太平洋における日本海軍の一大根拠地になっていましたので、非常に危険な状況です。

日本側は、アメリカの艦隊の誘い出しをはかり、安易なガダルカナル島奪回作戦を展開してしまいました。簡単に言えば、過少兵力の逐次投入という、戦略的にもっとも「してはいけない愚策」をしてしまったわけです。

その結果、日本はミッドウェー海戦の約三倍に及ぶ航空機の損害を出しました。それだけでなく、ミッドウェー海戦に続き、ここでも熟練の搭乗員を数多く失ったため、日本の航空機における搭乗員の数や練度は著しく低下してしまいました。

さらに、大量の輸送船が撃沈されたことで、それ以降の海上輸送と軍需生産に深刻な打撃を受けました。日本は、兵員だけでなく輸送船も急速に消耗し、さらに輸送用の船舶の護衛に不可欠な駆逐艦が不足する事態となります。これはまさに、シーレーンがマヒした状態です。その結果、南方からの物資が途絶して、日本は強大なアメリカの工業生産力に屈することになります。

ミッドウェー海戦の敗北は、もちろん日本の特に指導層に大きな衝撃を与えました。しかし、戦局の転換という意味で、より決定的な意味を持っていたのがガダルカナル島の攻防戦であることは、いまや新説を超えて新たな常識となりつつあります。

無条件降伏は当時「当たり前」の戦争の終わらせ方ではない

もう一つの論点である、日本の「無条件降伏」について考えてみたいと思います。

一九四三年十一月、エジプトのカイロに連合国軍の首脳、すなわちアメリカ合衆国大統領フランクリン・ルーズベルト、イギリスの首相ウィンストン・チャーチル、中華民国国民政府主席蔣介石の三人が集い、対日政策について話し合いが行われました。これがカイロ会談です。この会談で、連合国は日本が無条件降伏をするまで戦うことを宣言します（カイロ宣言）。日本は、すでに一九四三年に入った段階から各地の戦局において目立った勝利を得られていない状況で、客観的にみれば、すでに敗北・降伏は避けられない状況でした。

最終的に、一九四五年八月に日本はポツダム宣言を受諾して無条件降伏をしますが、その事実を知っている現在の我々は、なぜ日本はいつまでも無条件降伏をしなかったのかと考えてしまいがちです。敗北が避けられないならば、もっと早く、戦局が悪化する前に降伏し、被害を最小限度に抑えることができただろうと考えてしまいます。

しかし、そもそも当時において、無条件降伏は「当たり前」の戦争の終わらせ方ではありませんでした。世界的に見ても、近代の戦争において無条件降伏で終わった戦争はそれまでほとんどありません。現実では、何度か会戦・海戦を行い、その結果の優劣を基にして講和条件を話し合うというのが、一般的な戦争の終わらせ方なのです。

当時、日本の指導層が目指していたのは、無条件降伏ではなく「一撃和平」でした。これは、有利な条件で講和を結ぶために、どこかで一度でも局地的な勝利を収め、少しでも有利な条件で講和交渉に入るという考え方です。

一九四四年の頭頃から、首相経験者などのいわゆる重臣と、昭和天皇の弟である高松宮宣仁《たかまつのみやのぶひと》（海軍大佐）らを中心とした皇族グループによる東條英機内閣の倒閣工作が水面下で進行します。こうした動きも、一般的には和平交渉を行うための動きととらえられていますが、実態としては戦局の挽回を目指して行われたものであったことが明らかになっています。和平の前に、まず「一撃」が必要だというのは、当時の首脳陣が等しく抱いていた考えだったのです。

ソ連を仲介とした和平交渉の発動過程にみられる各組織の論理

その後、日本は一九四四年六月のマリアナ沖海戦、七月のサイパン攻防戦にも敗れ、東條内閣では「一撃」となる戦果は挙げられず、七月十八日に内閣は総辞職します。代わって朝鮮総督の小磯國昭が首相となりますが、その小磯内閣でも「一撃」は得られませんでした。同年十月のレイテ沖海戦で手痛い打撃を受けるなど、戦果は挙げられず、小磯内閣は発足から約八か月の一九四五年四月に総辞職。代わって海軍出身で侍従長も務めた鈴木貫太郎が内閣を発足させますが、この鈴木内閣でも、当初は「一撃」を模索していました。

一九四五年五月、ドイツが連合国軍に無条件降伏します。そして、同年三月に始まった沖縄戦では、五月二十九日に首里城が陥落し、軍司令部が占拠されるなど、戦況は著しく悪化します。このあたりで、国家首脳部の多くは「一撃」をあきらめ、和平を模索するようになります。

しかし、六月八日の御前会議において、「今後採ルヘキ戦争指導ノ基本大綱」が決定されました。沖縄戦の敗北が決定的であるにもかかわらず、この御前会議では「七生尽忠ノ信念ヲ源力トシ地ノ利人ノ和ヲ以テ飽ク迄戦争ヲ完遂シ以テ国体ヲ護持シ皇土ヲ保衛シ征戦目的ノ達成ヲ期ス」と、戦争継続が強く訴えられました。

そんななか、内大臣の木戸幸一が、政府を和平交渉へ転換させようとするようになります。木戸らは戦争が圧倒的不利のまま長期化することによる、「国体」(天皇中心の国家体制)の崩壊への危機感から、こうした動きをしたと理解されています。

こうしたことから、木戸を中心とした宮中グループの政治的影響力の強さが、これまで注目されてきましたが、現在では、木戸の持つ「権限」の問題からこうした経緯が再検討され、和平交渉への転換過程における各政治主体の役割が明らかになってきています。

木戸が、天皇の権威を背景に、国家意思の決定に強い影響力を持っていたのは事実です。

しかし、執行権は内閣が保持しているため、自らの意見を政策に反映させるためには、内閣との合意形成を必要としていました。本来は権限を持っていない内大臣が、閣外から関係閣僚全員との意見調整を行うことは、極めて困難です。したがって、閣内に木戸の方針に同調して意見調整を行う協力者が必要でした。

一方、宮中グループとともに和平交渉に動いたとされる海相の米内光政は、軍人は「和平への転換」といった政治的決定に介入すべきではないという考えでした。米内は「政治家」（軍人ではない文官程度の意味）と認識する木戸から和平交渉への転換を持ちかけられることで、それに同調。木戸をサポートしつつ、鈴木や外相の東郷茂徳《しげのり》との意見調整を行ったのです。

ちなみに東郷は回想録でこうした意思決定に関係があったと主張していますが、この点に関しての東郷の回想には矛盾も多く、実態としてはそれほど深く関われてはいないことが指摘されています。

そして一九四五年六月二十二日の御前会議で、ソ連を仲介とする和平交渉への転換が決定されます。

原爆投下かソ連参戦か

日本にとって、ソ連は日本と戦争状態にない唯一の大国でした。この時点でも、降伏は考慮されておらず、目指されていたのはあくまでも交渉による和平であり、そのため、ソ連を仲介とした和平交渉に望みを託すという流れができたわけです。

一九四五年七月二十六日には、イギリス首相、アメリカ合衆国大統領、中華民国政府主席の名において、日本に降伏を要求するポツダム宣言が発表されますが、ソ連を仲介とした和平交渉に望みを託していた日本は、当初ポツダム宣言を「黙殺」してしまいます。

しかし、ソ連はすでに一九四五年二月のヤルタ会談で、ドイツ降伏後三か月以内の対日参戦をアメリカに約束しており、日本の和平交渉を仲介する意思はまったくありませんでした。それを知らない日本は、ソ連との和平交渉が継続していると考え、結果として無条件降伏を選択しない（できない）状態にあったわけです。

八月六日には広島に原子爆弾が投下されます。それでも、わずかな可能性に期待して、降伏についての話し合いは八月六日〜八日の間には行われていません。そして、八月九日未明のソ連参戦が判明してから、ようやく九日午前中に、降伏についての話し合いが始まります。長崎に原子爆弾が投下されたのは、その会議中のことでした。

広島への原爆投下が、降伏決定に大きな意味を持っていたというイメージは広くいきわたっていますが、原子爆弾の投下だけでは八月上旬というタイミングで降伏が話し合われた可能性は極めて低く、ソ連の参戦があったからこそ、日本は降伏を決意したわけです。

即時和平派と反対派の主張

ポツダム宣言の受諾による無条件降伏＝終戦は、昭和天皇の「聖断」によってなされたと、一般的には理解されています。しかし、だとすれば、なぜ「聖断」は二回も必要だったのかという疑問が残ります。

「聖断」に至るまでには、即時和平派と反対派の主張がぶつかっていたとされますが、実は、降伏をめぐる議論の参加者全員、降伏自体に反対していたわけではありません。「国体護持」の確信度合いで議論が分かれたわけです。

即時降伏派は、ポツダム宣言で「国体護持」が可能だと考えました。したがって、「国体護持」を条件とすることで、降伏を受け入れるというスタンスです。一方、即時降伏反対派は、ポツダム宣言で「国体護持」はできず、「自主的武装解除」「戦争犯罪人の自主的処罰」「保障占領の範囲極小化」により、軍隊を保全してこそ降伏は可能となると考えていました。彼らの判断の背景にあるのは、部下の暴走をどのように抑えるのかという懸念でした。降伏を発表すれば、軍が暴走して内乱状態となる危険もある。しかし、「国体護持」以外の三条件が整えば、降伏受け入れも可能となると考えた即時降伏反対派は、逆にそれが認められなければ、本土決戦によりその確証を引き出すべきだと主張したのです。

処理方針の過誤と二度の「聖断」

この「聖断」に至る過程において、木戸と昭和天皇は当初、問題を国務と統帥の分離とみていました。外相である東郷茂徳が即時和平を主張し、軍部が本土決戦を主張しているという図式でとらえていたわけです。即時降伏反対派が懸念する部下の統制という問題は、国家方針ではなく執行過程の問題であるので、各国務大臣に任せるしかないわけです。

そして八月九日深夜の御前会議において、第一回の「聖断」が下されます。天皇は国務と統帥の分離を調整し、国務に重点を置いて降伏を決定します。しかし、本質的な論点は部下統制という執行過程の問題であったため、この「聖断」は議論を収束させる効果を持ちませんでした。天皇が国務を支持するというかたちで降伏を決定しても、実際には軍首脳部の「部下の統帥に責任が持てない」という懸念は全く解消していないわけです。

一方、第一回の「聖断」を受けて、天皇の国法上の地位存続のみを条件とする外相案でポツダム宣言を受諾する回答が連合国に対してなされましたが、これに対し、アメリカ国務長官のバーンズを中心に作られた、いわゆる「バーンズ回答」が打ち返されます。これは、天皇や日本政府の国家統治の権限は、連合国軍最高司令官に「従属する」という内容でした。このバーンズ回答によって、改めて「国体護持」に疑念が抱かれ、再び議論が紛糾します。

そして、八月十四日正午の御前会議において、第二回の「聖断」が下されます。ここでは、天皇が自ら部下統制にあたると、代替する執行方法を提示しました。これは、本来は天皇・宮中グループが関与しない執行過程への介入なのですが、結果として議論は収束することになります。その内容は、下村海南『終戦記』（鎌倉文庫、一九四八年）には次のように描かれています。

陸海軍将兵には更に動揺も大きいであらう。この気持をなだめることは相当困難なことであらうが、どうか私の心持をよく理解して陸海軍大臣は共に努力し、良く治まる様にして貰ひたい。必要あらば自分が親しく説き諭してもかまはない。此際詔書を出す必要もあらうから政府は早速其起案をしてもらひたい。

議論を収束させ、無条件降伏が実現したのは、この二回目の「聖断」において、天皇が「部下の統制」にも必要があれば関与するという意志を表明したからであることが、よくわかります。これによって、「無条件降伏」という国家の意思決定を、具体的に実現するための執行過程の問題がクリアされる見通しがついたわけです。「聖断」が二回必要だったのは、権限関係をめぐる議論と混乱があったためであることが、ご理解いただけるかと思います。

以上のように、国家の意思決定にかかわる各政治主体が、それぞれいかなる権限を持っていたかという点に注目することで、終戦に至る過程で何が問題となり、なぜ解決に至ったのかが見えてくるわけです。

こうした「権限」に着目して政治・外交過程を見直すことは、おそらく今後とも必要な研究視点になるのではないかと、私は考えています。

本書をより深く理解できるブックガイド

【第1章 古代の戦乱】

石母田正『日本の古代国家』（岩波文庫、二〇一七年）
吉川真司『飛鳥の都〈シリーズ 日本古代史3〉』（岩波新書、二〇一一年）
遠山美都男『蘇我氏四代』（ミネルヴァ書房、二〇〇六年）
門脇禎二『蘇我蝦夷・入鹿』（吉川弘文館、一九八五年）
加藤謙吉『蘇我氏と大和王権』（吉川弘文館、一九八三年）
倉本一宏『蘇我氏　古代豪族の興亡』（中公新書、二〇一五年）
倉本一宏『藤原氏　権力中枢の一族』（中公新書、二〇一七年）
森公章『「白村江」以後』（講談社選書メチエ、一九九八年）
鬼頭清明『白村江　東アジアの動乱と日本』（教育社歴史新書、一九八八年）
盧泰敦『古代朝鮮　三国統一戦争史』（岩波書店、二〇一二年）
倉本一宏『戦争の日本史2　壬申の乱』（吉川弘文館、二〇〇七年）
義江彰夫「『旧約聖書のフォークロア』と歴史学」（東京大学出版会『UP』七七、一九七九年）
倉本一宏『戦争の日本古代史』（講談社現代新書、二〇一七年）
倉本一宏『内戦の日本古代史』（講談社現代新書、二〇一八年）

【第2章 中世の戦乱】

松本新八郎「南北朝内乱の諸前提」（『歴史評論』二巻八号、一九四七年）
松本新八郎「玉葉にみる治承四年」（『文学』一七巻一〇号、一九四九年）
上横手雅敬「主役の交替と文化の変容」（『国文学 解釈と教材の研究』二一巻一一号、一九七六年）
川合康「治承・寿永の内乱と鎌倉幕府の成立」（岩波書店『岩波講座 日本歴史 第6巻 中世1』、二〇一三年）
下村周太郎「第2講 治承・寿永の乱」（高橋典幸編『中世史講義【戦乱篇】』、ちくま新書、二〇二〇年）
鈴木由美「鎌倉幕府滅亡後も、戦いつづけた北条一族」（呉座勇一編『南朝研究の最前線』洋泉社、二〇一六年）
亀田俊和『観応の擾乱　室町幕府を二つに裂いた足利尊氏・直義兄弟の戦い』（中公新書、二〇一七年）
亀田俊和『足利直義』（ミネルヴァ書房、二〇一六年）
亀田俊和『征夷大将軍・護良親王』（戎光祥出版、二〇一七）
峰岸純夫『享徳の乱』（講談社選書メチエ、二〇一七年）
黒田基樹『図説 享徳の乱』（戎光祥出版、二〇二一年）

【第3章 戦国の戦乱一】

川戸貴史『戦国期の貨幣と経済』（吉川弘文館、二〇〇八年）
川戸貴史『中近世日本の貨幣流通秩序』（勉誠出版、二〇一七年）
川戸貴史『戦国大名の経済学』（講談社現代新書、二〇二〇年）
中塚武監修・伊藤啓介ほか編集『気候変動から読みなおす日本史（4）気候変動と中世社会』（臨川書店、二〇二〇年）
呉座勇一『応仁の乱　戦国時代を生んだ大乱』（中公新書、二〇一六年）
早島大祐『足軽の誕生　室町時代の光と影』（朝日選書、二〇一二年）
小和田哲男『駿河今川氏十代　戦国大名への発展の軌跡』（戎光祥出版、二〇一五年）
桐野作人『織田信長　戦国最強の軍事カリスマ』（新人物文庫、二〇一四年）
長澤伸樹『楽市楽座はあったのか』（平凡社、二〇一九年）

【第4章 戦国の戦乱二】

小和田哲男『秀吉の天下統一戦争』（吉川弘文館、二〇〇六年）
湯浅隆・小島道裕「石見亀井家文書」（『国立歴史民俗博物館研究報告』第45集、国立歴史民俗博物館、一九九二年）
神戸市教育委員会『兵庫津遺跡 第62次発掘調査報告書』（二〇一七年）
白峰旬『新視点 関ヶ原合戦　天下分け目の戦いの通説を覆す』（平凡社、二〇一九年）

千田嘉博『織豊系城郭の形成』（東京大学出版会、二〇〇〇年）
千田嘉博『城郭考古学の冒険』（幻冬舎新書、二〇二一年）
外岡慎一郎『「関ヶ原」を読む　戦国武将の手紙』（同成社、二〇一八年）
谷本進「戦場を歩く　戦場調査ガイド　因幡鳥取城攻めと太閤ヶ平本陣」（『織豊期研究』一五、二〇一三年）
光成準治『関ヶ原前夜　西軍大名たちの戦い』（ＮＨＫブックス、二〇〇九年）
光成準治『毛利輝元　西国の儀任せ置かるの由候』（ミネルヴァ書房、二〇一六年）
矢部健太郎『敗者の日本史12　関ヶ原合戦と石田三成』（吉川弘文館、二〇一三年）

【第5章 近現代の戦乱一】

淺川道夫「戊辰・上野戦争の戦史的考察」（『軍事史学』二二三、二〇二〇年）
家近良樹『西郷隆盛　人を相手にせず、天を相手にせよ』（ミネルヴァ書房、二〇一七年）
長南政義「戦史分析 上野戦争　西郷隆盛の指揮統率と『新政府軍圧勝神話』の実相」（『歴史群像』一六五、二〇二一年）
保谷徹『戦争の日本史18　戊辰戦争』（吉川弘文館、二〇〇七年）
武雄淳『佐賀藩アームストロング砲』（佐賀新聞社、二〇一八年）
小川原正道『西南戦争』（中公新書、二〇〇七年）
落合弘樹『西南戦争と西郷隆盛』（吉川弘文館、二〇一三年）
高橋信武『西南戦争の考古学的研究』（吉川弘文館、二〇一六年）
熊本市教育委員会編刊『田原坂　熊本市の文化財』Ⅰ～Ⅴ（二〇一一～二〇一五年）
長南政義「通説を再検証！ 作戦分析 田原坂の戦い　西南戦争最大の死闘」（『歴史群像』一五二、二〇一八年）
谷壽夫『機密日露戦史』（原書房、一九六六年）
長南政義編『日露戦争第三軍関係史料集　大庭二郎日記・井上幾太郎日記でみる旅順・奉天戦』（国書刊行会、二〇一四年）
長南政義『新史料による日露戦争陸戦史　覆される通説』（並木書房、二〇一五年）
長南政義『児玉源太郎』（作品社、二〇一九年）

【第6章 近現代の戦乱二】

森茂樹「大陸政策と日米開戦」（歴史学研究会・日本史研究会編『日本史講座9　近代の転換』、東京大学出版会、二〇〇五年）
手嶋泰伸「日中戦争の拡大と海軍」（『年報　日本現代史』二二、二〇一七年）
手嶋泰伸『日本海軍と政治』（講談社現代新書、二〇一五年）
秦郁彦『盧溝橋事件の研究』（東京大学出版会、一九九六年）
伊香俊哉「戦略爆撃から原爆へ—拡大する『軍事目標主義』の虚妄—」（倉沢愛子他編『岩波講座アジア・太平洋戦争5　戦場の諸相』、岩波書店、二〇〇六年）
吉田裕・森茂樹『戦争の日本史23　アジア・太平洋戦争』（吉川弘文館、二〇〇七年）
小磯隆広『日本海軍と東アジア国際政治　中国をめぐる対英米政策と戦略』（錦正社、二〇二〇年）
坂口太助『太平洋戦争期の海上交通保護問題の研究　日本海軍の対応を中心に』（芙蓉書房出版、二〇一一年）
鈴木多聞「昭和二十年八月十日の御前会議—原爆投下とソ連参戦の政治的影響の分析—」（『日本政治研究』3－1、二〇〇六年）
手嶋泰伸『海軍将校たちの太平洋戦争』（吉川弘文館、二〇一四年）
手嶋泰伸「日中戦争における戦争拡大の構図」（『吉野作造研究』一五、二〇一九年）

倉本一宏（くらもと・かずひろ）

1958年三重県生まれ。東京大学大学院人文科学研究科国史学専門課程博士課程単位修得退学。博士（文学、東京大学）。現在、国際日本文化研究センター教授。専門は日本古代史、古記録学。主な著書は『壬申の乱』（吉川弘文館）、『蘇我氏』（中公新書）、『藤原道長の日常生活』『戦争の日本古代史』（以上、講談社現代新書）など。

亀田俊和（かめだ・としたか）

1973年秋田県生まれ。京都大学大学院文学研究科博士後期課程研究指導認定退学。京都大学博士（文学）。現在、国立台湾大学日本語文学系助理教授。主な著書は『室町幕府管領施行システムの研究』（思文閣出版）、『観応の擾乱』（中公新書）、『高師直 室町新秩序の創造者』（吉川弘文館）、『征夷大将軍・護良親王』（戎光祥出版）など。

川戸貴史（かわと・たかし）

1974年兵庫県生まれ。一橋大学大学院経済学研究科博士後期課程単位取得退学。博士（経済学）。現在、千葉経済大学経済学部教授。専門は貨幣経済史。主な著書は『戦国期の貨幣と経済』（吉川弘文館）、『中近世日本の貨幣流通秩序』（勉誠出版）、『戦国大名の経済学』（講談社現代新書）など。

千田嘉博（せんだ・よしひろ）

1963年愛知県生まれ。奈良大学文学部文化財学科卒業。城郭考古学者。大阪大学博士（文学）。国立歴史民俗博物館助教授などを経て、現在、奈良大学文学部文化財学科教授。主な著書は『織豊系城郭の形成』（東京大学出版会）、『信長の城』（岩波新書）、『真田丸の謎』（NHK出版新書）、『城郭考古学の冒険』（幻冬舎新書）など。

長南政義（ちょうなん・まさよし）

宮城県生まれ。國學院大學法学研究科博士課程後期単位取得退学。国会図書館調査及び立法考査局非常勤職員、靖國神社靖國偕行文庫などを経て、現在、戦史学者。専門は日本近代軍事史及び軍人研究。主な著書・編著は『新史料による日露戦争陸戦史』（並木書房）、『日露戦争第三軍関係史料集』（国書刊行会）、『児玉源太郎』（作品社）など。

手嶋泰伸（てしま・やすのぶ）

1983年宮城県生まれ。東北大学大学院文学研究科博士課程後期修了。博士（文学）。福井工業高等専門学校一般科目教室講師を経て、現在、龍谷大学文学部講師。専門は日本近現代史。主な著書は『昭和戦時期の海軍と政治』『海軍将校たちの太平洋戦争』（以上、吉川弘文館）、『日本海軍と政治』（講談社現代新書）など。

SB新書　552

新説戦乱《しんせつせんらん》の日本史《にほんし》

2021年8月15日　初版第1刷発行

著　者　倉本一宏《くらもとかずひろ》　亀田俊和《かめだとしたか》　川戸貴史《かわとたかし》
　　　　千田嘉博《せんだよしひろ》　長南政義《ちょうなんまさよし》　手嶋泰伸《てしまやすのぶ》

発行者　小川 淳

発行所　SBクリエイティブ株式会社
　　　　〒106-0032　東京都港区六本木2-4-5
　　　　電話：03-5549-1201（営業部）

装　幀　長坂勇司（nagasaka design）

本文デザイン・DTP　荒木香樹

編集協力　三猿舎 上川畑博

図版制作　諌山圭子

印刷・製本　大日本印刷株式会社

本書をお読みになったご意見・ご感想を下記URL、
または左記QRコードよりお寄せください。

https://isbn2.sbcr.jp/11811/

落丁本、乱丁本は小社営業部にてお取り替えいたします。定価はカバーに記載されております。本書の内容に関するご質問等は、小社学芸書籍編集部まで必ず書面にてご連絡いただきますようお願いいたします。

ISBN 978-4-8156-1181-1